特別展示"天賞堂の世界"でひときわ目を惹いたＣ62の大型ディスプレイモデル．1970年代に製作され，旧天賞堂ビル会議室にあって同社の鉄道模型史を見守ってきた

JN090862

第21回 JAM 国際鉄道模型コンベンション 公式記録集

国際鉄道模型コンベンション実行委員会

鉄道開通150年 明治5年(1872)

壹華ちゃん

JAMコンベンション
オリジナルキャラクター
JAMっ娘

イラスト：choco

須賀マリンちゃん

第21回 国際鉄道模型コンベンションに寄せて

NPO法人日本鉄道模型の会 理事長　平井 憲太郎

2000年８月に東京西新宿のNSビルで第１回が開催された"国際鉄道模型コンベンション"は，東京オリンピックで会場が使えなくなって休んだ2年を除き，毎年８月に開催され続けて今年第21回を迎えた．第１回から関わり，第２回から主催団体となったNPO法人"日本鉄道模型の会"執行部となっていた私としては感慨深いものがある．

第１回を開催するに当たって私たちが理想としたのは，日本中，いや世界中から集まったモデラーが趣味を通じて交流し，鉄道模型の素晴らしさを再確認しながら，一生涯続けられる楽しみとして，仲間を増やしていく，そういうコンベンションであった．

米国で毎年開催されているNMRA（全米鉄道模型協会）のコンベンションを模範として，趣味の交流と鉄道模型業者の広報，物販を交えた集まりとして，この第１回を開催した．

第１回では事前登録制の入場など様々な試みを行ったが，会場の狭さもあって必ずしも日本のモデラーに受け入れられず，広大な東京ビッグサイトでの開催となった第２回以降は，ほぼ現在と同じ形の入場料方式となって今日に至っている．

2015年の第16回以降は井門コーポレーションを中心とした国際鉄道模型コンベンション実行委員会が主催者となっているが，それまで以上に盛大，かつ緻密な運営を行っていただいていることに感謝したい．

コンベンションは出展者と入場者，そして出展者同士の交流に大きな価値があると考えている．これからも鉄道模型界の発展のために長く続けていただきたい，と願うものである．

「第21回 国際鉄道模型コンベンション

東京ビッグサイト東1ホールで8月19日(金)，20日(土)，21日(日)の3日間開催された第21回国際鉄道模型コンベンションでは，全国各地よりたくさんの方々にご来場いただき誠にありがとうございました.

　本来，第21回は2020年の開催でしたが，東京2020オリンピック・パラリンピック開催による施設貸出延期，新型コロナウイルス感染防止のため貸出中止等の影響で会場が確保できず，2019年8月以来3年ぶりの開催となりました. 東京都の「新型コロナウイルス感染対策の基本的対処方針」を順守し，実行委員会独自のガイドラインに基づく感染防止対策事項を守っていただきながら，厳しい環境下での開催となりました. こうした状況での開催にもかかわらず，前回を上回る22,931名様にご来場戴いたことは感謝の念に堪えません.

　今回は鉄道開通150年の節目を迎えることから『鉄道150年』をテーマに，モデラー様65団体，企業様40社，レールマーケットに30社様ご出展いただき，会場を盛り上げていただきました. さらにステージイ

CONTENTS

JAM 2022

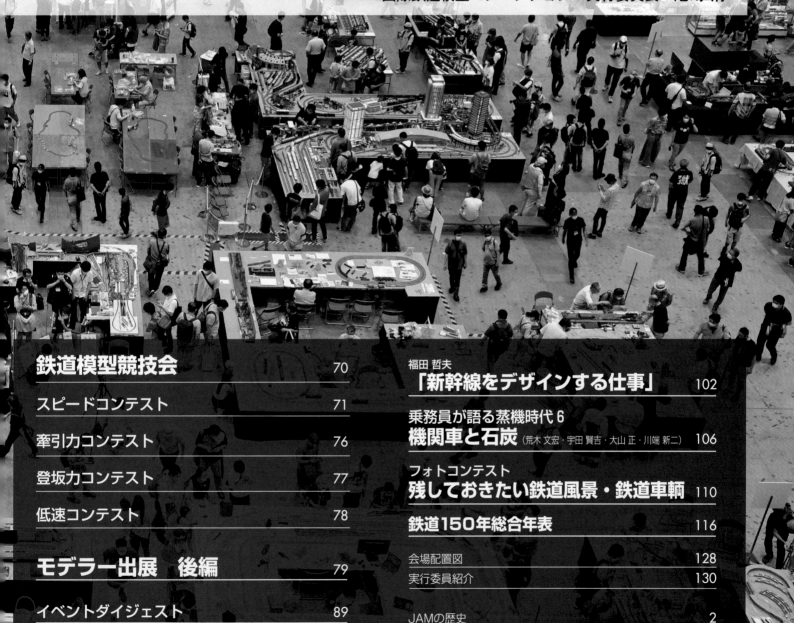

ご来場ありがとうございました!

ベント11企画，クリニック（セミナー）23講座には実績豊富な業界の著名人，鉄道模型を極めたモデラー諸氏にご登壇いただき，多彩な話題を提供することが出来ました．

　最終日の21日には，石破 茂衆議院議員，前原 誠司衆議院議員をお迎えして，鉄道ファンとして同じ目線で鉄道趣味を大いに語っていただきました．会場は笑いと万雷の拍手が響き渡り，大いに盛り上がることができました．

　2023年の『第22回国際鉄道模型コンベンション』は『電気機関車』をテーマとして，8月18日（金），19日（土），20日（日）の3日間，同じ東京ビッグサイト東1ホールでの開催となります．私共実行委員はご来場のお客様，出展参加いただくモデラー，企業様の多様なニーズや期待に応えるべく，さらなる研鑽を重ねてまいります．次回も同時期，同会場でのお越しをお待ちしております．ありがとうございました．

国際鉄道模型コンベンション　実行委員長　池﨑 清

日本の至宝　渡邊・岩崎コレクション

明治の蒸気機関車

所蔵：鉄道博物館

鉄道開通150年
明治5年(1872)

　明治後期から大正初期にかけて撮影され，現在は大宮の鉄道博物館が保管する，3,000点を超える機関車写真（ガラス乾板）のコレクションは，熱意にあふれ財力にも恵まれた明治の機関車愛好家・渡邊四郎と，その誘いに応じた岩崎輝弥の両氏が，著名写真師・小川一真と門下生を引き連れ，日本全国を撮影して回った一大成果で，被写体の適切な選定，的確かつ緻密な描写，作品の均質性および同時代性において，本家本元の英国にもこれに比肩するものは容易に見出しがたい．

　今年のJAMのテーマ「鉄道150年」に当たり，同コレクションの中から，発達史上重要なもの，設計に特色が強いもの，形態の美しいものを厳選し，特に鉄道模型のイベントであることを念頭に，もっとも造形的特徴を示すサイドビュウを優先した．幸い，同コレクションにはサイドビュウの原画が多く，渡邊・岩崎両氏が模型人的感性の持ち主であったことがうかがえよう．1点1点，深く味わっていただければ幸いである．

写真選定および解説

髙木宏之

官設鉄道 A1形 1号（鉄道院 150形 150号）

京浜間開業に先だって英国に発注された5形式10輌中の1号機で，ヴァルカン・ファウンドリー社で製造され，明治4年（1871）に竣功した．3フィート6インチ（1067㎜）軌間はノルウェーなどに先例があったが，日本向けは当時の英本国の標準軌並みの車輌限界であった．先輪は主台枠に固定で横動しない．写真はボイラー中心を増高し，蒸気溜を前に寄せた改造後の姿．島原鉄道に譲渡されたが，のちに国鉄が買い戻し，現在大宮の鉄道博物館に保存．動輪径51インチ（1295㎜），気筒12インチ×18インチ（305㎜×457㎜），缶圧140ポンド／平方インチ（0.96MPa），火床面積9.0平方フィート（0.84㎡），弁装置スティヴンソン式．

官設鉄道 A6形 17号（鉄道院 160形 160号）

京浜間開業に先だってシャープ・スチュワート社で4輌製造され，明治4年（1871）に竣功した．当初2～5号と附番され，開業時の5形式10輌中，最も信頼性に富み，翌年10月14日（陽暦）の京浜間開通式に際しては，2号が御召列車牽引，5号が先行（露払い）の大役を務めた．のち17・19・15・13号と改番され，写真はその状態を示す．明治44年（1911）に4輌とも島原鉄道に譲渡され，明治7年（1874）に増備の改良型2輌は，同年尾西鉄道に譲渡された．動輪径53インチ（1346㎜），気筒12インチ×17インチ（305㎜×432㎜），缶圧140ポンド／平方インチ（0.96MPa），火床面積7.5平方フィート（0.7㎡），弁装置スティヴンソン式．

総武鉄道1形3号（鉄道院600形630号）

路線の延伸に伴い，炭水搭載量増大のため，開業時の1Bタンク機に従輪を付加し，1B1軸配置としたもので，曲線通過のため先・従輪を主台枠から独立の内側軸箱ラジアル（心向）台車とした．祖形はナスミス・ウィルソン製（鉄道院400形），本形式はやや大型化した改良増備版で，明治20年（1887）から同社で78輌製造され，総武鉄道では本機を含め15輌を購入した．同型にダブス製61輌（同500形），ヴァルカン・ファウンドリー製18輌（同700形）があった．動輪径53インチ（1346㎜），気筒14インチ×20インチ（356㎜×508㎜），缶圧140ポンド／平方インチ（0.96MPa），火床面積11.7平方フィート（1.09㎡）、弁装置ジョイ式．

官設鉄道 A9形137号（鉄道院860形860号）

明治期の機関車は飽和式のため，気筒内部で蒸気が水に戻りやすい欠点があった．複式はこの改善のため，蒸気を2段膨張させるもので，過熱式以前に普及した．本機は官設鉄道神戸工場の汽車監察方R.F.トレヴィシックが明治26年（1893）に試作した2気筒並列複式で，単式との比較試験で最大15％の燃費節減を示したが，1形式1輌のみのため大正7年（1918）に樺太庁鉄道に移管され，昭和4年（1929）に同地の露と消えた．動輪径53インチ（1346㎜），気筒右側高圧15インチ／左側低圧22インチ半×20インチ（381㎜／572㎜×508㎜），缶圧145ポンド／平方インチ（1.00MPa），火床面積12.4平方フィート（1.15㎡），弁装置ジョイ式．

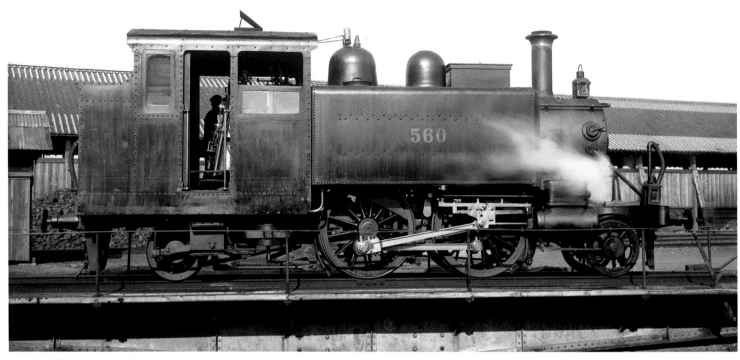

日本鉄道 S2/4形560号（鉄道院900形910号）

日本（にっぽん）鉄道は東北本線・山手線（品川〜赤羽間・池袋〜田端間）・高崎線・常磐線の前身で，明治30年（1897）以降，低質で安価な常磐炭を機関車燃料とした．本形式は短距離快速列車用として，スケネクタディ社から明治31年（1898）に26輌購入されたもので，火床面積を大きくするため，広火室を第2動輪と従輪の間に置いた．動輪ホイールベースは5フィート6インチ（1676㎜）と短く，晩年は急曲線の多い隅田川貨物駅の入換に重用された．動輪径56インチ（1422㎜），気筒14インチ×22インチ（356㎜×559㎜），缶圧180ポンド／平方インチ（1.24MPa），火床面積18平方フィート（1.67㎡），弁装置スティヴンソン米式．

山陽鉄道10形42号（鉄道院950形951号）

山陽鉄道は山陽本線の前身で，瀬戸内海航路の快速客船と張り合うため，早くから速達性を重んじ，旅客サービスも官設鉄道に一歩先んじていた．動輪径をそれまでの旅客機の標準54インチ（1372㎜）から60インチ（1524㎜）に増大したのも山陽鉄道が最初で，明治28年（1895）のボールドウィン製8形（のち鉄道院5060形）に続き，翌年に同社から短距離快速列車用として10輌購入されたのが本形式で，火室は第2動輪に左右をはさまれた狭火室であった．動輪径60インチ（1524㎜），気筒14インチ×20インチ（356㎜×508㎜），缶圧145ポンド／平方インチ（1.00MPa），火床面積12平方フィート（1.11㎡），弁装置スティヴンソン米式．

官設鉄道 B6形340号（鉄道院2120形2150号）

明治22年（1889）に全通した東海道線の輸送増に備え，神戸工場の汽車監察方 R.F.トレヴィシックが計画したもので，ロンドン北西鉄道（L&NWR）の「コール・タンク」（運炭タンク機）がベースモデルと考えられる．祖形は明治23年（1890）ダブス製の6輌（官設鉄道 B6形／鉄道院2100形）で，量産型は動輪径を1インチ（25mm）増大の49インチ（1245mm）とし，B6形／鉄道院2120形と区分された．神戸工場でも明治32年（1899）から10輌を製造し，後述の日露戦争も関係して総数268輌に達した．気筒16インチ×24インチ（406mm×610mm），缶圧160ポンド／平方インチ（1.10MPa），火床面積14.1平方フィート（1.31㎡），弁装置スティヴンソン式．

鉄道院2700形2713号

明治37〜38年（1904〜05）の日露戦争は満洲（現・中国東北地方）が戦場となったため，既設の露軌（1524mm）を狭軌（1067mm）に順次改築し，官設鉄道 B6形を多数供出して軍事輸送に当てたほか，新製機をノース・ブリティシュ社から161輌，ベルリン造機・ハノーファ造機・ヘンシェル社から75輌，ボールドウィン社から166輌購入した．鉄道院では英国製を2120形，ドイツ製を2400形，米国製を2500形と区分したが，2500形は粗製乱造のため，各種の改造母体とされた．2700形はその一例で，フロントヘビー対策で側水槽を縮小，背水槽を拡大して2軸従台車で受け，国鉄唯一のC2タンク機（6輪連結フォーニー）となった．要目上掲に同じ．

官設鉄道 D1形4号（鉄道院5000形5001号）

京浜間開業時の5形式10輛に続いて，明治4年(1871)にシャープ・スチュワート社で2輛製造された．唯一のB1テンダー機で，従輪は外側軸箱とし，軸箱守は横枠で主台枠と結合した．阪神間に使用するに当たってA号・B号，ついで11号・12号と称し，明治10年(1877)に東部用を奇数番号，西部用を偶数番号としたため4号・2号となった．2号(鉄道院5000号)は京浜間開業時の御召牽引機と誤認され，大井工場に保管されていたが，第二次大戦中に解体された．動輪径54インチ(1372㎜)，気筒15インチ×22インチ(381㎜×559㎜)，缶圧140ポンド／平方インチ(0.96MPa)，火床面積12.8平方フィート(1.19㎡)，弁装置アラン式．

官設鉄道 E1形25号（鉄道院7030形7030号）

阪神間の開業に備えてヴァルカン・ファウンドリー社で4輛製造され，明治8年(1875)に竣功した．祖形は明治6年(1873)キットソン製の4輛で，実質同型(E1形)ながら鉄道院7010形と同7030形に区分された．先・従輪のないCテンダー機で本線用はこの2形式のみで，本来の用途は貨物牽引であるが，阪神間の建設にも用いられた．縁の丸いチムニー・キャップは，神戸工場の第二代汽車監察方B.F.ライト(在任明治11〜21／1878〜1888)の好みによる改造．動輪径43インチ(1092㎜)，気筒14インチ×20インチ(356㎜×508㎜)，缶圧140ポンド／平方インチ(0.96MPa)，火床面積11.7平方フィート(1.09㎡)，弁装置グーチ式．

日本鉄道 Pbt2/4形1号 (鉄道院5300形5312号)

B.F.ライトが計画した新系列2Bテンダー機で，シリンダーをそれまでの水平から10分の1の傾斜を付けて高位置とし，第2先輪とクロスヘッドの干渉をなくすことにより，気筒間隔をせばめて蛇行動軽減を図った．ベイヤー・ピーコック社から明治15年(1882)に2輌購入された中の1輌が本機で，日本鉄道に譲渡されて3号，ついで1号(二代)となった．東海道線全通後の明治23年(1890)には同型を官設鉄道が12輌(D5形)，山陽鉄道が10輌購入している．動輪径54インチ(1372㎜)，気筒15インチ半×22インチ(394㎜×559㎜)，缶圧140ポンド／平方インチ(0.96MPa)，火床面積14.5平方フィート(1.35㎡)，弁装置スティヴンソン式．

官設鉄道 D6形142号 (鉄道院5500形5500号)

上掲の鉄道院5300形の改良版で，動輪ホイールベースを22インチ(559㎜)広げて100インチ(2540㎜)とし，火室を第2動輪上から第1・第2動輪間に移し，シリンダー傾斜を12分の1に緩和し，主連棒長を19インチ(483㎜)増の82インチ(2083㎜)としたもので，火室が深くなって燃焼効率が上がり，蛇行動もさらに軽減された．明治26年(1893)にベイヤー・ピーコック社から6輌購入され，日本鉄道と総武鉄道も同型をそれぞれ60輌，6輌購入している．動輪径54インチ(1372㎜)，気筒16インチ×22インチ(406㎜×559㎜)，缶圧150ポンド／平方インチ(1.03MPa)，火床面積14.3平方フィート(1.33㎡)，弁装置スティヴンソン式．

山陽鉄道12形104号（鉄道院5900形5926号）

山陽鉄道初の米国製2Bテンダー機で，ボールドウィン社から明治30年（1897）に18輛，明治34年（1901）に10輛購入された．本形式は国内初の60インチ（1524mm）動輪の2Bテンダー機でもあり，官設鉄道も約半年遅れで追随し，同社からほぼ同型を18輛購入し，D8形（鉄道院6150形）とした．ボイラーは火室と第3缶胴を太く，煙室側の第1缶胴を細く，中間の第2缶胴を円錐形とした延長斜頂缶（エキステンデット・ワゴントップ）で，蒸発力を確保しつつフロントヘビー対策とした．気筒15インチ×22インチ（381mm×559mm），缶圧145ポンド／平方インチ（1.00MPa），火床面積15.0平方フィート（1.39㎡），弁装置スティヴンソン米式．

山陽鉄道17形110号（鉄道院6100形6102号）

明治27年（1894），北海道炭礦鉄道出身の岩崎彦松は山陽鉄道の汽車課長となり，自社兵庫工場で機関車製造を始め，明治30年（1897）に鷹取工場を新しく建設した．明治33年（1900），上掲の12形よりやや強力な2Bテンダー機をスケネクタディ社から7輛購入し，16形（鉄道院6120形）とした．本形式は16形を国産化したもので，ボイラーは製造容易化のため延長斜頂缶から直頂缶（ストレートトップ）とし，明治36～38年（1903～05）に合計8輛が竣功した．動輪径60インチ（1524mm），気筒16インチ×24インチ（406mm×610mm），缶圧180ポンド／平方インチ（1.24MPa），火床面積15.7平方フィート（1.48㎡），弁装置スティヴンソン米式．

日本鉄道 Bbt2/5形527号（鉄道院6600形6617号）

低質で安価な常磐炭（褐炭）を機関車燃料とするには，火床面積を瀝青炭（黒炭）用の1.5倍とすべきところ，3フィート6インチ（1067㎜）軌間の狭火室では20平方フィート（1.86㎡）以上は困難のため，動輪群の後ろに置いた広火室とし，従輪で支える必要がある．こうした理由により，国内唯一の2B1テンダー機（アトランチック）となったのが本形式で，ボールドウィン社で明治30年（1897）に24輌製造され，うち5輌は長さ2フィート（610㎜）の燃焼室を設けた．動輪径56インチ（1422㎜），気筒16インチ×22インチ（406㎜×559㎜），缶圧180ポンド／平方インチ（1.24MPa），火床面積30平方フィート（2.79㎡），弁装置スティヴンソン米式．

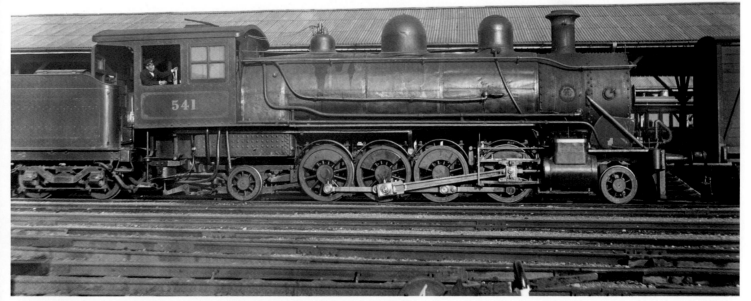

日本鉄道 Bt4/6形541号（鉄道院9700形9718号）

平坦線客貨両用の上掲Bbt2/5形と同一理念により，運炭用および勾配線用として設計されたもので，1D1テンダー機自体は先例があったが，広火室を動輪群の後ろに置いて従輪で支えたものとしては世界初で，ボールドウィン社では「ミカド」の名で大いに宣伝した，この名は第2次大戦期を除いて世界的に広まり，中国でも「天皇式」と称している．明治30年（1897）に20輌製造され，うち本機を含む5輌は長さ25インチ6分（654㎜）の燃焼室を設けた．動輪径44インチ（1118㎜），気筒18インチ×24インチ（457㎜×610㎜），缶圧180ポンド／平方インチ（1.24MPa），火床面積30平方フィート（2.79㎡），弁装置スティヴンソン米式．

官設鉄道 E4形157号（鉄道院7700形7709号）

官設鉄道が東海道線東部および西部の勾配区間用として，明治27年（1884）にベイヤー・ピーコック社から12輛購入したもので，火室を初めて汽水共発防止に有利なベルペア（平頂）式とし，テンダー機ながら容量440英ガロン（2.0㎥）の側水槽を備えていた．これはボイラー給水系統から独立した粘着重量増大用の「バラストタンク」で，当時の貨物列車は貫通制動がなく，ブレーキは機関車と緩急車に頼っていたため，特に下り勾配での保安には有効であった．動輪径48インチ（1219㎜），気筒17インチ×22インチ（432㎜×559㎜），缶圧160ポンド／平方インチ（1.10MPa），火床面積15.92平方フィート（1.48㎡），弁装置スティヴンソン式．

日本鉄道 Pt3/4形323号（鉄道院7080形7083号）

日本鉄道が勾配線旅客用として明治34年（1902）にベイヤー・ピーコック社から6輛購入したもので，ベルペア式の広火室を従輪で支えた．先輪を省略したのは積雪対策とも言われるが，動輪群が前に寄り過ぎて勾配線には向かず，従輪は横動のみで復元力がないため，高速走行時には蛇行動に起因する脱線も生じた．実態はおもに黒磯および平以南の平坦線貨物用で，山手線でも用いられた．大宮の鉄道博物館にある「D50形の動輪」は本形式のもの．動輪径55インチ（1397㎜），気筒18インチ半×24インチ（470㎜×610㎜），缶圧160ポンド／平方インチ（1.10MPa），火床面積24平方フィート（2.23㎡），弁装置ワルシャート式．

官設鉄道 E3形140号 (鉄道院8150形8154号)

官設鉄道は創設以来,英国製機関車のみを購入してきたが,神戸工場の汽車監察方 R.F.トレヴィシックは東海道線の40分1 (25‰) 勾配用として米国製機関車を試用することとし,ボールドウィン社から明治23年 (1890) に2輌,明治26年 (1893) に4輌を購入した.明治30年 (1897) には同社からほぼ同型のE7形 (鉄道院8100形) 20輌を購入したが,英国製と比較試験の結果,主として燃費の面から前出のB6形 (鉄道院2120形) が勾配用主力機となった.動輪径48インチ (1219㎜),気筒18インチ×22インチ (457㎜×559㎜),缶圧140ポンド／平方インチ (0.96MPa),火床面積18.0平方フィート (1.67㎡),弁装置スティヴンソン米式.

九州鉄道79形79号 (鉄道院8050形8050号)

明治30年 (1897) に九州鉄道に吸収合併された筑豊鉄道は山陽鉄道の傍系会社で,南 清に技師長を委嘱し,明治25年 (1892) にボールドウィン社からヴォークレイン4気筒複式機1輌を購入し,9号 (鉄道院8050号) とした.わが国最初の複式機関車で,官設鉄道と山陽鉄道が追随し,翌年に前者がA9形 (鉄道院860形),後者が5形 (鉄道院8450形) を製造もしくは購入している.動輪径48インチ (1219㎜),気筒下側高圧11インチ2分／上側低圧18インチ半×22インチ (286㎜／470㎜×559㎜),缶圧180ポンド／平方インチ (1.24MPa),火床面積16.3平方フィート (1.51㎡),弁装置スティヴンソン米式.

官設鉄道 F1形551号（鉄道院9150形9151号）

明治32年（1899）に開通した官設鉄道奥羽南線・福島～米沢間の30分1（33.3‰）勾配区間用として，神戸工場の汽車監察方R.F.トレヴィシックが明治33年（1900）に同工場で2輌製造した1Dテンダー機で，ロンドン北西鉄道（L&NWR）の運炭用Dテンダー機「8輪連結コール・エンジン」がベースモデルと考えられ，第2動輪を主動輪とし，容量570英ガロン（2.6㎥）の粘着重量増大用バラストタンクを備えていた．増備分は明治39～41年（1906～08）に同工場で8輌．動輪径43インチ（1092㎜），気筒18インチ×22インチ（457㎜×559㎜），缶圧150ポンド／平方インチ（1.03MPa），火床面積18.5平方フィート（1.72㎡），弁装置ジョイ改式．

官設鉄道 F2形806号（鉄道院9200形9206号）

明治37～38年（1904～05）の日露戦争では戦場が満洲を北上し，補給路が伸びてB6形（鉄道院2120形・2400形・2500形）では能力不足となったため，日本陸軍は北海道官設鉄道用に計画された1Dテンダー機を戦費でボールドウィン社から50輌調達した．足回りの主要寸法は上掲のF1形に準じ，安全弁も米国機には珍しくラムズボトム式であった．満洲で使用後は福島～米沢間などで働き，大正期に全機北海道に移り，「大コン」と愛称された．動輪径43インチ（1092㎜），気筒18インチ×22インチ（457㎜×559㎜），缶圧180ポンド／平方インチ（1.24MPa），火床面積20.7平方フィート（1.92㎡），弁装置スティヴンソン米式．

北海道炭礦鉄道へ形26号（鉄道院9000形9001号）

北海道炭礦鉄道は明治25年（1892）に夕張～追分間と岩見沢～室蘭間を開通させ，翌年に運炭用としてボールドウィン社から1Dテンダー機（コンソリデーション）を3輛購入した．わが国最初の4動軸機で，それまでの同鉄道最大機・ホ形（鉄道院7200形）に比べ，火床面積と気筒引張力で約45％強力であった．増備分含め総数8輛，のちに9040形と改称し，ほぼ同大の明治36年（1903）同社製カ形（鉄道院9030形）3輛ともども「小コン」と愛称された．動輪径42インチ（1067mm），気筒16インチ×20インチ（406mm×508mm），缶圧140ポンド／平方インチ（0.96MPa），火床面積16.7平方フィート（1.55㎡），弁装置スティヴンソン米式．

九州鉄道128形129号（鉄道院9500形9500号）

九州鉄道が明治31年（1898）にスケネクタディ社から12輛購入した運炭用1Dテンダー機で，前年に吸収合併した筑豊鉄道線（のちの筑豊本線）で用いられた．前出の同社製2Bテンダー機55形（鉄道院5700形）や同社製客貨両用1Cテンダー機154形（鉄道院8550形）と同一プラクティス（手法体系）で設計されたもので，動輪径は両者の54インチ（1372mm）に対して48インチ（1219mm），火床面積は16.0平方フィート（1.49㎡）および16.8平方フィート（1.56㎡）に対して18.1平方フィート（1.68㎡）と相似的で，外観も同調していた．気筒16インチ×24インチ（406mm×610mm），缶圧180ポンド／平方インチ（1.24MPa），弁装置スティヴンソン米式．

下記40形式を展示。
5形・10形・150形・160形・600形・860形・900形・950形・
1100形・1290形・1850形・2040形・2120形・2700形・
3200形・3300形・3900形・3950形・5000形・5300形・
5500形・5600形・5700形・5900形・6100形・6200形・
6400形・6600形・7030形・7080形・7100形・7150形・
7700形・8050形・8150形・9000形・9150形・9200形・
9500形・9700形（いずれも鉄道院形式　太字は本書に掲載）
関連性の高い機関車を上下で組み合わせて配置した。

鉄道趣味の150年

宮澤孝一　名取紀之

8月21日（日）12：00〜13：30／特設ステージ　（文中敬称略）

幕末佐賀藩が製作した「蒸気車雛形」，わが国最初の鉄道趣味写真と言われる徳川慶喜撮影「安倍川鉄橋上リ列車進行中之図」に端を発し，明治から大正にかけて3,000点を超す鉄道写真を残した岩崎四郎・渡邊輝彌，さらに吉川速男が，西尾克三郎，宮松金次郎が牽引した昭和期の鉄道写真．大正期に勃興しまたたくまに花開いた鉄道模型．そして戦中・戦後の苦難を経て高度成長とともに隆盛を極めた鉄道趣味．150年にわたる趣味人の足跡を辿る．

宮澤孝一氏　　　　　　　　名取紀之氏

●鉄道開通前後

鉄道150年のテーマを象徴する対談．冒頭に映し出されたのは1854（嘉永7）年，ペリーがお土産に持って来たライブスチームのようなものに武士が跨っている模型．鉄道自体を見たことのない日本人にはこの模型はショックだった．これが日本の鉄道の夜明けとなったわけだ．

「宮澤さんはこのあたりはご覧になったことはないですよね」（笑）と名取氏．「私は九十ですが，さすがにねぇ」（笑）．

次に佐賀藩が作った「蒸気車雛形」が登場する．佐賀藩は精錬所を持っていたほどの先進的な藩で，ロシア軍艦上で見たライブスチームを手で模写して作った．これがちゃんと蒸気で動いたというのだからすごい．「日本人の器用さんでしょ

佐賀藩「蒸気車雛形」（レプリカ）
公益財団法人鍋島報效会所蔵

開業式典準備中の新橋停車場．営業鉄道が写っている最古の写真との説が有力だ．停車しているのは3号（160形）　港区郷土歴史館所蔵

うね．東洋人はみな器用ですが，当時の日本人は抜きん出ていたようです」と宮澤氏．これが1855（安政2）年のことである．製錬所の庭で武士が集まってエンドレスを走るライブスチームを見ている「佐賀藩精煉方絵図」も投影された．

「日本の鉄道開業前夜は模型から始まっていると言ってもいいでしょう．では実物はどうなのか．最初の鉄道写真はなんなのか」と名取氏が投影したのは，1872（明治）5年10月16日付の英字新聞『THE FAR EAST.』の紙面を飾った10月14日（旧暦9月12日）の鉄道開業式の写真．「お召列車発車前で大変賑わっている状況が写っています．これが日本最古の鉄道写真と言われていました．ところがこの前の写真が実はあったのです」と投影された写真はおそらくその数日前．開業式の準備を終えた新橋停車場全景である．「拡大すると“3”が見えますので3号機，のちの160形であることが分かります」これが最古の鉄道の写真というのが有力だ．

「開業の3か月ほど前，天皇が観艦式というか海軍の演習に臨席しているのです．台風の影響で軍艦は横浜に入港し，天皇はすでに部分開通していた鉄道に横浜から品川まで乗っているといいま

日本の鉄道開業を報じた英字紙「THE FAR EAST.」第1面の高輪築堤の写真

鉄道開業日のお召列車の拡大写真．先導機は5号機，本務機は3号機である．9輌編成であった

す．お召列車に関しては諸説あるようですね」と宮澤氏．開業式のお召列車は5号機が単機で先行して，3号機がお召列車を牽引して走ったとされている．

『THE FAR EAST.』のトップに載っている写真が「高輪築堤」で，左に写っているのが東海道．「宮澤さんお生まれが高輪と伺っていますが」「ええ，私は昭和6年生まれで本籍は芝高輪三ノ十七です．京浜急行の本社のすぐそばに親が居を定めたのです．八ツ山橋からデパートまで京浜電車の線路があったのを覚えています」．

●鉄道趣味の発祥

趣味で最初に写真を撮ったのは徳川慶喜だったと言われている．鉄橋を渡る旅客列車の写真が映し出された．これが徳川慶喜撮影の「安倍川鉄橋上リ列車進行中之図」である．「当然ガラス乾板でお撮りになっているのですが，構図はなかなか決まっていますね．暗箱に掛けた布を被ってゴムのシャッターを切った，ソルトンシャッターで1/100以下だったと思います．もっと引きつけるとブレてしまいますね」と名取氏が解説する．「とはいえ慶喜公はなんでも新しいものがお好きだったようで，取り立てて鉄道だけが好きというわけではなかった感じですね．自転車とか好きだったようですし．だから鉄道趣味人親方として位置付けるのはどうかと思います」と宮澤氏．

模型の方はどうかというと，名取氏によれば「（投影した）写真は明治40年頃に製作された

徳川慶喜撮影「安倍川鉄橋上リ列車進行中之図」. 鉄道作業局 AF 形 (5500形) で, 製造年と徳川慶喜の江戸転居の時期から推定すると1893 (明治26) 年から1897 (明治30) 年の間の撮影と思われる. 乳剤の感度が高くなりこの頃は走行写真が撮影可能となった　　茨城県立歴史館所蔵

1/20のペーパーモデルですが, 大変よくできています. 博物館の収蔵模型としては最古. もう一枚は明治末期1/8の有蓋貨車です. 昭和天皇が幼少のときにおもちゃとして献上されたものらしいです. 扉も開閉機構があります」このあたりが模型の萌芽というべきだろう.

●岩崎・渡邊コレクション

さて本格的に鉄道趣味として出てくるのが, 「岩崎・渡邊コレクション」と呼ばれる今なお鉄道博物館で収蔵されているアーカイブである. 岩崎輝彌氏は日銀総裁の岩崎弥之助氏の三男, 渡邊四郎氏は日本橋の織物商で資産家の子息. この二人が鉄道への興味で意気投合して, 潤沢な資金力を背景に小川一眞という当代一流の写真師に頼んで北海道から九州まで全国の鉄道を撮影して回った. 1902 (明治35) 年から約5年ほどで, 今も鉄道博物館に3,000点を超える原板が収蔵されている.

「当時ガラス乾板ですから相当重いはずです. 小川氏は門下の人たちを連れているとはいえ, 大

変な旅だったと思います」と名取氏. 「岩崎・渡邊と言っても常に二人で行っているわけではないらしく, 諸説あるのですが, 渡邊さんが主導で行なっていたようで岩崎さんは長く趣味が続かなくて脱落され, 大正時代には岩崎さんは趣味をやっていなかったみたいです」と宮澤氏は語る.

名取氏によれば「小川一眞さんは実は二コマまったく同じ写真を撮っておいて, 自分の小川写真館で売っていたとも言われています. これは臼井茂信さんから昔聞いた話ですが, なかなかヤル

なっていう感じですね」(笑).

小川一眞氏は『日本鉄道紀要』という日本で最初の鉄道写真集も出している. この本は残存数が少なく原本はなかなかみることができない. その中の一枚が投影される. 新橋駅前の写真で手前に写っているのが東京馬車鉄道だ.

●小型カメラの普及と吉川速男

大正時代になると吉川速男氏が登場し, この頃から台頭しだしたドイツ製の"小型カメラ"の数々を紹介し, 試験的な写真を発表する. 昭和に入っ

なんともダンディな出立ちで軽井沢でアプト機3980形を撮影する渡邊四郎　写真所蔵：渡邊　隆

小川一眞による日本最初の鉄道写真集『日本鉄道紀要』より, 新橋駅前の東京馬車鉄道

吉川速男著『カメラと機関車』（1938年玄光社刊）.
全編わたって実験的な写真が展開する

昭和10年代に入ると、『模型鐵道』や『科学と模型』
など鉄道模型に関する定期刊行物も登場し、鉄道少
年の憧れとなった

『鐵道趣味』（鐵道趣味社）B5判　1933（昭和8）年～
1937（昭和12）年　編集人：宮松金次郎
『鐵道』（国際鐵道社）A5判　1929（昭和4）年～
1938（昭和13）年　編集人：武田弥一郎

てからの出版になるが吉川氏の『カメラと機関車』
は非常に先鋭的で、流し撮りあり、夜間撮影あり、
鉄道写真の先駆のような作品が並んでいる。宮澤
氏によれば「鉄道写真が岩崎・渡邊コレクション
に発するのは事実ですが、それから十何年か経っ
て吉川さんが世に出した写真はまったく別物です。
大半の写真が動いているのです。裕福な方でドイ
ツから常に最新のカメラを買って、それを使って写
真を撮りカメラの解説を書く。いろいろな被写体
を撮って、玄光社がテーマをつけて本を出す。そ
の中に鉄道写真があるんです。解説を読むとライ
カはこうやって撮る、バルダックスはこうやって撮る、
セミイコンタはこうだと」。

●鉄道趣味誌の創刊

　1921（大正10）年、東京・万世橋に「交通博物
館」が開館し鉄道に関心を持つ人々が増えつつ
あった。1924（大正13）年9月誠文堂『子供の科
学』が創刊される。これが鉄道模型を大きく方向
づける本になった。1927（昭和2）年「子供の科学
の展覧会」が大きな規模で行われた。「そのと
きに武田弥一郎さんという方が8000形、のちの
EF50ですね、それを出品されてそれが最優秀賞
になるのです。その模型のスケールが1/30ゲージ
が35mmで、これが戦前の鉄道模型のスタンダー
ドになりました」と名取氏は語る。「また田口武二郎
さんが大正5年に着工、昭和5年に完成したライ
ブスチーム1/15　96mmゲージ、これが趣味として
のライブスチームの嚆矢でした」とも言う。

　そんな中で初めての鉄道雑誌として『鐵道』と
『鐵道趣味』が出版された。『鐵道』は1929（昭和
4）年に武田弥一郎氏が創刊した本で、『鐵道趣

味』は1933（昭和8）年宮松金次郎氏が創刊した。
これが戦前の二大鉄道誌だった。本島三良さんが
書き残したところによれば、この両誌とも創刊の
時には大森の資産家・平野平四郎氏が資本を出し
ているとのこと。「戦前の鉄道趣味のパトロンとし
て平野平四郎さんの功績は大きいと思います」と
宮澤氏。「次第に軍靴の音が高まる中でこのよう
な本を創刊したとは日本人はすばらしいなと思い
ます。それにしても数あるジャンルの雑誌の中で
"～趣味"という書名がついた本はないでしょうね。
何で宮松さんは『鐵道趣味』という名前にしたの
か興味があるところです。ともあれ大事にしたい
誌名であります」。

　雑誌に記事を書くという発表の方法が定着し、
カメラの普及とともにますます鉄道趣味は発展す
るが、戦時体制による情報規制、及びそれに伴う
用紙統制で発行が困難となり、『鐵道』は1938（昭
和13）年に『鐵道趣味』は1937（昭和12）年に休
刊となってしまう。

　一方、1936（昭和11）年『模型鐵道』という本
が創刊される。これは川合模型製作所の発行だっ
た。今のカワイモデルである。「当時ここにお勤め
だった酒井喜房さんによって創刊されたものです。
余談ですが川合模型製作所とカワイモデルは兄
弟で、お兄さんの川合模型製作所は交通博物館な
どの展示模型を作り、弟さんがカワイモデルストア
として一般に向け模型を製造販売していました」
と名取氏は語る。

　さて、鉄道模型も次第に盛り上が
りを見せ、「子供の科学展」では素
晴らしい模型が発表されるように
なった。「昭和13年第6回特選作品
はなんとブーフリー式の電気機関車
の模型がとっているのです。機構な
どもフルスクラッチしたものです。
現在のTMSコンペでも上位入賞
は確実でしょう」と名取氏。こういっ
た戦前の鉄道模型の隆盛も、世の
中の状況が変わっていくにつれて
下火とならざるを得なくなっていく。

●戦時下の鉄道趣味

　『鐵道』『鐵道趣味』は休刊となったが、鉄道趣
味は広がりを見せ、1940（昭和15）年に同人誌『古
典ロコ』『つばめ』がいずれもガリ版刷りで発行さ
れる。『古典ロコ』は関西の「クラシカル・ロコ・ク
ラブ」によって発行され編集にあたったのは西尾
克三郎氏を中心とするメンバーだった。一方の『つ
ばめ』は「鉄道研究会　つばめクラブ」によって刊
行され、編集の中心は高松吉太郎氏であった。

　しかし、戦争の激化とともに両誌ともほどなく
廃刊となる。

　「『古典ロコ』という実際の写真が貼ってあるガリ
版刷りの本ですが、戦前の頂点のような本でした。
写真のクオリティも記事も高度で、日本の鉄道趣味
のレベルの高さを象徴するものでした」と名取氏は
語る。

　「やっぱり古山善之助さんの"事件"が大きかっ
たと思います。戦前の客車の研究で有名な方が、四
国で趣味で車輛番号をメモしていた。それを見つ
けた駅員に咎められて、その時は解放されたらし
いのですが、次の乗り換え駅に行ったら憲兵が沢
山いてスパイ容疑で捕まってしまった。それで鉄道
趣味誌のほうもこんな物騒な状況では、通常の刊
行はできないであろう、ということになったと聞いて
います」。

●戦後の鉄道趣味の復興

　鉄道趣味受難の時代は終戦で終わりをつげ、
ここからは宮澤氏の独擅場となる。

『古典ロコ』はガリ版刷りの同人誌ながら、その内容は
日本の鉄道趣味のレベルの高さを象徴するものだった

沼津機関区でC53のフロントデッキに立つ宮松金次郎　提供：宮松慶夫

余った航空機材料でボディを作った戦後の象徴"ジュラ電" 写真：宮澤孝一

戦後早くも1946年に発行された同人誌『ロマンスカー』と『クラブカー』

『鉄道模型趣味』は1947年2月号の活版印刷第1号をGHQに届け出て検閲を受けこれを創刊号とした.

「これが宮澤さんの代名詞ともなっているジュラ電ですね」と名取氏がジュラルミンボディのモハ63系を投影する.「川崎車輌が作ったのですが.川崎といえば戦闘機「飛燕」などの航空機も製造しており,終戦後飛行機用の資材のジュラルミンが余ったので,モハ63系の1編成に限って車体外板に使用したものです.無塗装で帯は濃い緑色です.車体は鋲打ちでした."これは飛行機の材料を使ったジュラルミン電車である"と新聞に載ったのです.蒲田から浦和まで朝走ると聞いて,それで撮りに行きました.この写真は数年経っています.浦和駅で撮ったもので,もうボロボロですね.最後は茶色に塗られました」と宮澤氏は振り返る.

戦後早くも1946(昭和21)年に同人誌で関東では『ロマンスカー』,関西では『クラブカー』がいずれもガリ版刷りで発刊される.「戦後,関東の高松吉太郎さんが戦争で生き残った趣味人を集めたのが東京鉄道同好会で,そこへ高校生の私がやっと入れてもらったのです.関西の方は『古典ロコ』を編集していた西尾克三郎さんが『クラブカー』という名前でおやりになり,亀井一男さんがそれに賛同して続けられたとのことです.この二つが戦後鉄道趣味の原点となりました.私はまだ採用される力がありませんでした」と宮澤氏.

終戦1年を経ずして模型誌も復刊して『科学と模型』は用紙調達に困難をきたしながらも発行が続けられた.また,石川一造氏の機関車同好会でも『MIKADO』を発刊している.

そして『鐵道模型趣味』が1946(昭和21)年6月に創刊する.「これは旧1号と我々は呼んでいま

すが,ガリ版刷りで,伝えられているところによると350部だったそうです.なんでこれが創刊号ではないのかというと,米軍占領下,出版物はGHQの検閲を受けなければならない,実は旧1号,旧2号,旧3号はGHQの検閲を受けていないのです.1947年2月号の活版印刷第1号を機に編集人の山崎喜陽さんはGHQに届け出て検閲を受け,これを創刊号としました.TMSは今年で75年ですが,この号を原点としています.書名に"趣味"とありますが山崎さんは戦中の記憶から,少年に模型を通して科学知識を植え付けるなどということは大嫌いで,あくまで趣味は趣味なんだということです」と名取氏.

続いて1951(昭和26)年『鉄道ピクトリアル』が創刊される.その創刊趣意書が映し出された.〈新しい鉄道知識の雑誌『鉄道ピクトリアル』の創刊/鉄道の興味と知識を広く普及し,鉄道や模型ファンをもっと増加するために,写真と図面と,面白く有益な記事を主とした美麗豪華な『鉄道ピクトリアル』が近々刊行されます〉というのがタイトルと冒頭の文.この前1948(昭和23)年に『電気車の科学』という雑誌も創刊されている.

●鉄道趣味誌の隆盛と国鉄の終焉

そして1953(昭和28)年3月,東京鉄道同好会と大阪の交通科学研究会などが合同して鉄道友の会が発足する.「発足にあたって国鉄の指導が行われたと聞いています.したがって幹部は国鉄の方が多かった」と宮澤氏は言う.

そして1961(昭和36)年に『鉄道ファン』が創刊される.「『鉄道ピクトリアル』は次第に資料,研究を主とした本に変貌して本来の"ピクトリアル(画報)"ではなくなってきたので,写真を中心とした

本を作ろうという機運が高まって,鉄道友の会選抜メンバーも編集部に入っています.『鉄道ファン』の編集に携わられた方の多くは『鉄道ピクトリアル』の編集にも参画していた.創刊号は広田尚敬さんが撮られた名鉄7000系で編集はこの7000系の車体デザインを手がけた萩原政男さん.その後出てくる雑誌の基礎は『鉄道ファン』が築いたのだと思います」と宮澤氏.

さらに1967(昭和42)年には『鉄道ジャーナル』が出て三大誌が揃う.宮澤氏によれば「編集に携わった竹島紀元さんが創刊時の東亜企画から受け継いで自力で2号以降を作ったと聞いています」.

そんな中で『国鉄蒸気機関車小史』や『記録写真蒸気機関車』といった蒸気機関車の出版が相次いで,わが国初めての鉄道写真展が1968年4月に開催される.広田尚敬氏の「蒸気機関車たち」である.そして「SLブーム」が到来する.鉄道雑誌は大幅部数増,鉄道図書の出版ブームが起こる.1959(昭和34)年に策定された国鉄の動力近代化計画は昭和50年末で蒸気機関車を廃止するというもので,計画に沿って順調に蒸気機関車は廃止されていき,ブームは1970年以降ヒートアップしたが,1976年3月追分駅で入換えに使用されていた9600形の廃止でその終焉を迎えた.

蒸気機関車がなくなると今度はブルートレインブームが巻き起こる.この頃から趣味の低年齢化も顕著となった.1975(昭和50)年に鉄道模型誌『とれいん』が創刊.1983(昭和58)年にはビジュアルな誌面と既成概念にとらわれない模型との複合雑誌『Rail Magazine』が,1985(昭和60)年には『SLダイヤ情報』から発展した情報誌『鉄道ダイヤ情報』が月刊化され,いわゆる"六誌"体制が確立する.

「そして1987(昭和62)3月31日をもって国鉄が分割民営化され,これまで趣味の核となっていた"国鉄"という共通言語が鉄道趣味の世界から消えてしまいます.これで鉄道趣味も大きく変わっていくわけです.もう35年も前の話ですが,この35年は皆さんも実体験されていることと思います.これらの時代はあと20年,30年後に評価され語られると思います」と名取氏が締めた.

1953年鉄道友の会が発足し機関誌『RAILFAN』が発行された.第1号は大判横開き

『鉄道ピクトリアル』創刊号.(1951年)

わが国初めての鉄道写真展,広田尚敬「蒸気機関車たち」所蔵：広田尚敬

栄光の歴史を模型で巡る
天賞堂の世界

GN（グレート・ノーザン鉄道）のC-1の前で嬉しそうな新本 秀雄氏．入換機でこの大きさ！ 米国形がいかに巨大かが分かる　写真：天賞堂提供

文：波多野 茂（天賞堂技術顧問）
写真：月刊『とれいん』編集部（特記除く）

かつて進駐軍将校などを相手にハンドメイドの鉄道模型を販売していた天賞堂．それが時代の移り変わりとともに外国形高級模型を輸出し，国内ファン向けに機関車を作り，今は様々な販売形態でプラスティック製模型をリリースし人気を博しております．どのような歴史を経て，現在に至ったのか？ 模型を見ながら振り返りたいと思います．

■はじまり

千葉県大多喜出身の江澤 金五郎氏が1878年に江沢書房を興します．そして，翌年には現在の住所でいう銀座6丁目に店舗を構え"天賞堂"の看板を掲げたのです．これが現在の時計宝飾部，そして本題の模型部の前身となりました．

関東大震災，世界恐慌，太平洋戦争と時が移り，戦後店舗を銀座4丁目に移します．そばには米軍のPX（軍向けに飲食物，日用品などを売る店）として接収されていた"服部時計店"があり，多くの高級将校が銀座の街を歩いておりました．この人達相手に趣味の物を扱うお店を展開しよう，と社長に就任したばかりの新本 秀雄氏が始めたのが"天賞堂模型部"です．公式には1949年2月とのことですが，実は『鐵道模型趣味』誌（機芸出版社刊）7～10号に岡崎製作所，玩次模型店の"ご来店は銀座4丁目天賞堂模型部へ"という広告があり，これが1948年発刊なので，実は48年かもしれません．

戦後オープンした天賞堂店舗では個人商店が場所を借り，ショウケースにて商売しており，当時鉄道模型を製造販売していた港区三田の岡崎製作所，目黒区自由が丘の玩次模型店も色々な商店に混じって出店していました．これらは元来模型が好きだった新本氏に影響を与えたことでしょう．

影響といえば忘れてはいけない模型店があります．それは有楽町駅前にありました"エース模型店"です．以下の話は当時，エース模型店に在籍し，その後，天賞堂に移籍した平田 欣一郎氏に伺った話です．

新本氏はことあるごとにエース模型店を覗いていたそうです．ショウケース内には簡単なエンドレスが敷いてあり，"Varney"（バーニィ）の0-4-0T "Dockside"（ドックサイド）を走らせ，通行人の目を引いておりした．新本氏もそれらに魅了されたことでしょう．

■模型部初期における平田氏の功績

その後，平田氏は天賞堂に入り，1次～3次オメガセントラルの製作，初代アンチ製Cタンク及び米国型貨車を生産した"ニューワン模型製作所"や前述のエース模型店との橋渡し役，また，ハンドメイド作家の発掘をします．それが天賞堂のみならず，海外の模型界にまで多大な影響を与えたのです．氏は間違いなく模型業界の歴史に名

弊社レイアウトの夜景（毎日グラフ提供）

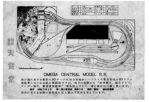

第1次オメガセントラル
資料：天賞堂提供

1949年に完成した16.5mmゲージのレイアウトで5.0×2.6mの中に駅，ヤード，ターンテーブル，そして山河などを配してレイアウトのエッセンスを凝縮したものだった．当時，戦後の日本人の心を大いに癒した

を残した人物といえましょう．ちなみに
SLの機炭間の通電は当時，導線で行って
おりましたが，製品として最初にドローバ
ーに変更したのも平田氏でした．

■まずはアメリカ形から

模型の中でも鉄道模型を主軸に選び，人材
もこれ以上無い人物を見出したのは新本氏
の経営者としての才覚でしょう．また新本
氏自身も本当に鉄道が好きでした．アメリ
カへ赴いた際のGN（グレート・ノーザン
鉄道）0-8-0 C-1の前での写真（左頁扉）には
得意げで嬉しそうな姿が写っております．

　では初期の鉄道模型製品にはどのような
物があったのでしょうか．PRR（ペンシル
ヴァニア鉄道）の電気機関車O1bが晴れて
品番100を充てられております．これは100
番代が機関車の完成品だったからで，必ず
しも最初の製品ではありません．当時O1b
はニューワンから出ており，同じ物ではな
いかと思われます．また種類の多い米国型
貨車，アンチ製Cタンク（101番が交流，
105番が直流）等もニューワン製造でした．

　そして，最初の自社製品となったのが，
"FT"ディーゼル機関車です．この頃には
ハンドメイド製品も散見され，記録に残っ
てない車輌が少量職人さんにより手作りさ
れておりました．NYC&St.L（通称NKP：
ニッケル・プレート鉄道）の2-8-4
"Berkshire"（バークシャー），"Ingarsoll-
Rand"（インガーソル・ランド）製電気式
ディーゼル機関車，SP（サザン・パシフ
ィック鉄道）の4-4-2などが確認されており
ますが，他にも追跡しきれてない貴重な作品
があったことでしょう．

■PFMとの関係

1954年アメリカのPFM（パシフィック・フ
ァースト・メイル）社と関係を持ち，本格
的な輸出が始まります．それまでの手作り
の延長線上に位置し，PFMのランク付け
では"handmade"になるC&O（チェサピ
ーク・アンド・オハイオ鉄道）の2-6-6-6 H-
8"Allegheny"，AT&SF（アチソン・トピ
カ・アンド・サンタ・フェ鉄道）2-10-4
"Texas"，SP（サザン・パシフィック鉄道）
4-8-8-2 AC-12"Cab Forward"，UP（ユニ
オン・パシフィック鉄道）4-8-8-4 4000
"Big Boy"などです．

　ちなみに日本型にもハンドメイド製品が
あり"特製品"として9600，C51が1958〜
59年に出ています．

　ほか"limited production"としてC&O
0-8-0 C-16，GN 0-8-0 C-1，2-6-6-2 L-1，2-
8-0 M-2，2-8-8-0 N-3，2-8-8-2 R-2，2-10-2
Q-1，4-8-2 P-2，4-8-4 S-1，4-8-4 S-2，NP

Baltimore and Ohio Railroad　C-16a
黎明期のオールハンドメイドモデル．
1949年開業当時，戦後のまだ材料も資料
も手に入りにくい時代に模型好きの職人
が一生懸命作った一品ものの模型．もち
ろんモーター，動輪までスクラッチ．当
時は一品ものが製品として店に置かれた
ようで，何が置かれるか分からなかった

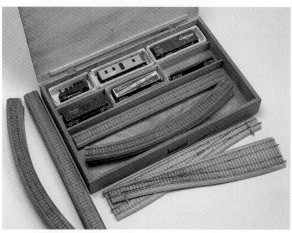

創業当初に販売された列車セット
初期の列車セットはニューワン製のCタン
クと貨車，それに木製道床付き線路で構
成されていた．貨車は多種あり，希望に
より組み合せて販売した．セットは金属
製の天賞堂メイカープレートの付いた特
製の木箱に入っており，なかなかお洒落
だった

Pennsylvania Railroad　EMD FT Diesel Electric Locomotive
1951年より生産が始まったFTディーゼル機関車．10数種の塗り分けがあり，塗装も綺麗であった

Union Pacific Railroad　4000 Class "Big Boy"
天賞堂の代表形式として世界中に知られているモデル．実物がまだ活躍中の1954年より生産されていた

New York Central System　S-1b "Niagara"（1984年製品）
L-3a "Mohawk" 以来22年ぶりにNYCの機関車を生産．特に動輪にこだわった端正な良い製品である

K. Bay. Sts. B.（バイエルン王国国有鉄道）S3/6形 350（1962年製品）
スイスのインポーターFULGUREX向けの機関車．グリーンの塗装にラインが入った美しい製品である

9600形 デフなし（1958年製品）
天賞堂の9600の歴史は古く，1958年ハンドメイドに始まる．人気があり1965年から量産が始まった

151系電車（1963年製品）
金属製151系はその姿の良さで大変人気だった．模型化の際のディフォルメはプラ製151系にも継承されている

DF50 500番代（1966年製品）
初代のDF50はマイティモーターを使用し，台車はドロップ製，標識燈も点燈，丸いおでこが可愛いらしい

C53形 デフなし（1972年製品）
1961年に復活運転した45号機を基に設計し製品化した．実物の繊細な雰囲気をロッド，動輪等に再現している

D51形 86〜90号機（1981年製品）
1977年より86〜90号機がラジアスロッド可動で生産された．これはコアレスモーター付きの未塗装製品

C62形18号機（奥），C62形2号機（手前）（どちらも1985年製品）
数ある真鍮製C62の中でも飛び抜けて人気があるのは "燕マーク" 付きの2号機だ．"下がり燕" の18号機も人気があり3度製品化された．一方，2号機は15〜6度ほども製品化されているが実は東海道は2度にとどまる

（ノーザン・パシフィック鉄道）4-6-6-4 Z-6，UP 4-6-6-4 "Challenger"（形式は不明），4000があります．

よく知られている "crown" モデルにはD&RGW（デンバー・アンド・リオ・グランデ・ウエスタン鉄道）4-8-2 M-75，GN L-1，SP 4-6-2 P-5，UP 3950，4-8-4 "FEF"，4000等，意外に少ないのです．それ以外にはD&RGW 4-6-6-4 L-97が "crown" なのですが，これはUP 3950と形は同じ物です．ただ，3950自体は "limited production" になっており，解明したい疑問の一つです．

今となると "crown" と "limited production" の区別は付かないようですね．天賞堂製に "limited production" が多いのは必ずといってよいほど，改良が加えられており，まるっきり同じではないからでしょう．天賞堂の機関車は改良を加えながら現在の細密模型へと進化してきたのです．このため，コレクターにとっては作ったロットごとに違う模型と考え，嬉しい悲鳴を上げたのでした．

PFMでは別にただの "production" 製品があり，AT&SF 4-6-4 "Blue Goose"，CP（カナディアン・パシフィック鉄道）4-6-4 "Royal Hudson"，C&NW（シカゴ・アンド・ノース・ウエスタン鉄道）4-4-2 D，CRI&P（シカゴ・ロック・アイランド・アンド・パシフィック鉄道）0-8-0 S-57，GN 2-8-0 F-8，2-8-2 O-8（旧），4-8-4 S-1，NYC（ニュー・ヨーク・セントラル・システム）4-6-4 J-3a等ありますが，"limited production" との差はありません．PFMの思いつきで付けたか？と勘ぐりたくなります．

また，これらの製品以降の1970年代後半より "crown" という言葉もあまり使われなくなりますが，天賞堂真鍮製品はすべて "crown" クラスの出来といっても過言ではないでしょう．その時期の製品にGN O-8（新），NP 4-6-6-4 Z-7，4-6-6-4 Z-8，DM&IR（ドゥルース・ミサビ・アンド・アイアン・レンジ鉄道）2-8-8-4 M3・M4 "Yellowstone"，NYC 4-8-4 S-1b "Niagara" があります．

■日本形ブラスの基礎を築いた鈴木氏
この頃は日本形も本格的にクオリティを上げ始めた時期で，名作であるD51，C53，C55，C57も "crown" と呼ばれておりました．

ここで忘れてはいけない人物がおります．それは天賞堂の工場において新製品の開発をされていた戦前からのモデラーである鈴木 経善氏です．天賞堂25周年記念の，後の模型製品に多大な影響を与えたSP

AC-12，D&RGW M-75，GN L-1等輸出された米国型蒸機，そして1970年代の国鉄蒸機C53，そして個人的には一番好きなD51などを設計された方です．これらは天賞堂の日本形ブラス製品の礎となった模型です．鈴木氏は設計だけでなく，試作もしており，AC-12では2台をスクラッチで作り，1台は"PFM"へ，もう1台は量産品を作るためにバラしたそうです．また研究熱心で，絶えず新しい機構を考えており，コースティングギヤを入れたGN S-1・国鉄D51，イコライザーを組みこんでバルブギヤ可動にしたD51等，実験・試作を繰り返し，次回製品に反映させていました．話がずれてしまいますが，鈴木氏のプライベート作品は当時のトップクラスであり，何故，発表しなかったのかと不思議に思います．いずれ雑誌誌面等にて発表したいと考えております．このような方が天賞堂におられたことも記録に残しておきたいものです．

■国内向けへの注力と特定番号機化

天賞堂の日本型はハンドメイドを除くと1957年に出たエボナイト製（その後，貫名英一氏実施の検査でベークライト製と判明）の2軸貨車が最初で，1962年のEB10，DF50，EF30，DD13，EF62，9600，ED42，そして，いまだ人気のある真鍮製151系"こだま"と続きます．1969年には天賞堂の代表機となるEF58が発売され，EF15が続きます．

そして1972年には天賞堂最初のC62 2が製品化され，いよいよ蒸気機関車は特定番号機の時代に入るのです．電気機関車もお召機であるEF58 61はいち早く製品化されました．その背景には韓国製模型の台頭による輸出模型の減少，併せて国内では細密模型の需要が拡大がありました．天賞堂は以降，国内向け模型に軸足を移します．

細密化は顧客に歓迎され，1970年代〜2000年代初頭には日本形制式機の大半が製品化されました．その後はただ特定番号機というだけでなく，いつの姿なのか？とエスカレートしていきます．

■良い模型をお求めやすい価格で

天賞堂はそれとは別に"安くて良い物を！"という声に応え，素材はプラスチックや亜鉛ダイカストにして価格を抑え，カンタムサウンドを組み込んだ模型をリリースし，着実に進歩していきました．姿が良く，汽笛やブラスト・ドラフト音，モーター音等が鳴るものがブラス製品の半額以下で手に入るのですから，もちろん歓迎されました．

そして，模型の楽しさを大勢の方に知っていただき模型人口を増やしたいと，2019

ホンダ RA-300（1989年製品）
模型部創立40周年記念製品．代座付き．特にエンジン，マフラーの表現は秀逸　　　　　　（写真：天賞堂提供）

戦艦 "三笠" サウンド付モデル（2010年製品）
横須賀に保存されている三笠のサウンド付き1:500ディスプレイモデル　　　　　　　　　（写真：天賞堂提供）

JR西日本　500系新幹線（2003年製品）
"翼の無い戦闘機" のような500系新幹線が天賞堂プラスチック製品初の電車として登場した

D51形 半流形 標準タイプ（2006年製品）
カンタムサウンド付き蒸気機関車として最初の製品となったD51半流形．ダイカスト製で重厚感がある

DD51形 全重連 中期形 A寒地タイプ 3燈ライト（2007年製品）
ダイカスト製DD51．カンタムサウンドはアイドリング音の出るディーゼル機においても十分楽しめる

C57形11号機 "かもめ" 牽引機（Nスケール）（2005年製品）
真鍮製モデルのNスケールも手を抜かずに製品化しており，写真を見る限り16番と遜色無い

D51形 半流形（Zスケール）（2009年製品）
Zスケールも最初の蒸気機関車はD51半流に白羽の矢が立った．翌年には標準型も発売された

年，クモヤ145を皮切りに"T-Evolution"シリーズがリリースされました．これはディスプレイモデルなのですが，同時に発売される動力化パーツを使うことにより，鉄道模型となるのです．他社のNゲージでは以前からある販売スタイルです．ディスプレイモデルのみをお求めのお客様向けに大量生産して低価格を実現し，併せて動力化できることにより，鉄道模型ファンの要望にも応えるというコンセプトです．

ただ，その結果が実り始めた矢先にコロナ禍が始まり，製造元の中国で生産ラインが長い間止まってしまいました．幸いにも，近頃は製造が再開されたようですから，今後の製品展開に期待したいですね．

■様々なスケールへの挑戦
また天賞堂は製品化した鉄道模型のスケー

ルにおいても実に多彩で，3½"ゲージ・ライブのGN C-1・鉄道省AB10，Oのヨーロッパ形客車，SのC57・C62，ほかにもTT，N，そして鉄道模型の規格としては最小のZゲージも生産しております．

■オメガセントラル
天賞堂は車輌だけでなく開店当初からレイアウト"オメガセントラル"を製作していました．ここでも鉄道模型の楽しさをアピールし，レイアウトは1次から舞浜イクスピアリ店に設置した5次までありました．この5次"オメガセントラル"は当時，ディズニー・シー建設で来日していたディズニーのジョン＝オルソン氏が紹介して下さったアメリカの高名なレイアウト・ビルダーであるボブ＝ヘイデン氏とデイブ＝フレイリー氏の監修のもとで製作された本格的

なアメリカ型レイアウトです．現在は千葉県長柄町にある"ロングウッドステーション"に移設されてます．天賞堂創業者出身地である大多喜町と近く，これも何か縁があるのかと思ってしまいます．

■車輌模型以外の展開
鉄道ではありませんが，好きな製品にホンダのF1，ロータス・スーパー7があります．これは真鍮製鉄道模型の技術を活かして鉄道模型並みのミニカー（1:20）を製品化したものです．天賞堂にいらした三上寛逸氏が中心となって開発し，シリーズ化する予定で3機種目のアストンマーチンまで準備していたのですが，諸事情により中断，先にテレビシリーズのサンダーバードのメカが出ることになります．これらも再開してくれないかと思っております．ホンダが1989年，ロータスが1991年，2つとも30年以上経っておりますが，ディテール等古さが感じられず，素晴らしい出来映えです．

他にも青函連絡船，日露戦争の戦艦"三笠"も製品として出ております．鉄道模型はもちろんのこと，車や船においても手を抜かず，飽きの来ない製品になっています．

■16番へと原点回帰
このように様々な製品をリリースした天賞堂ですが，今は銀座店移転に伴い，製品化は16番ゲージに主軸を置いています．

また，最近の天賞堂新製品は世に出るまで時間が掛かっています．良いものを出すためには資料集めから始まり，動力装置や各機構，外観と内装をどうするかなどを詰め，パッケージ，説明書，化粧箱等の準備などを，まさに微に入り細を穿ち検討します．現代の模型作りにおいて，日本国内だけではパーツの準備がまかないきれません．海外工場のお世話になるのですが，この2～3年はコロナ禍のため，海外との行き来が制約されており，発売が遅れてしまったのは残念なことです．

■最後に
私にとって初めての天賞堂製品であったアンチのCタンクは今でも元気です．きっと，私よりもこの模型は長生きすることでしょう．今まで出てきた名作の数々を次の世代に引き継いで貰うため，この記事が往時を知らない世代の方々にとって理解の一助となれば，こんなに嬉しいことはありません．

151系"こだま・つばめ"（2019年製品）
プラスチックシリーズでは空前の大ヒットとなった151系．のちに181系もリリースされた

クモル145＋クル144（2021年製品）
"T-Evolution"シリーズの第2弾は2021年に廃車となったクモル・クル．異形の車輌がまさかの製品化となった

ED46形 日立製作所落成時（2021年製品）
様々な電機を作った天賞堂の数少ない穴を埋めるべく登場した交直流の試作電気機関車

185系0番代（2022年製品）
コロナ禍にて発売が大幅に延びた185系は0番代，200番代とも様々な姿を製品化．こちらも大好評であった

参考資料
天賞堂各カタログ・価格表
『天賞堂の眼』（幻冬舎刊）
『Tenshodo Book 1949-1999』
『Tenshodo Book 2000-2010』

長きにわたり製造されたGreat Northern Railway（グレート・ノーザン鉄道）の機関車たち
新本 秀雄氏が愛して止まなかった同鉄道の機関車たち．グリーン・ジャケットにミネラル・レッドのキャブ屋根，そして "ゴート・ヘラルド" は米国のみならず，日本にも多くのファンを生んだ．機関車は中央がR-2，そして左から時計回りにF-8，S-1，Q-1，P-2，C-1，Y-1，M-2，N-3，S-2，O-8（開放キャブ），O-8（密閉キャブ），L-1，そしてカブースである．天賞堂が外国形でここまで多くの形式を作った鉄道は他にない
（なんこう所蔵）

3½"ゲージ・ライブの Great Northern Railway　C-1
1967年に15台作られたライブスチームのC-1．55年経った今でも火を入れて動くC-1があるとか．驚くほどしっかりした素晴らしい製品だった
（写真：天賞堂提供）

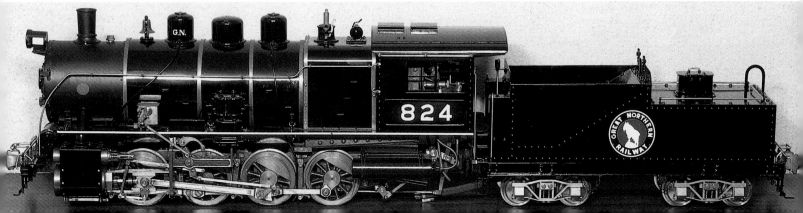

投票結果発表

第5回

MODEL OF THE YEAR JAPAN
No.1 日本モデル・オブ・ザ・イヤー®

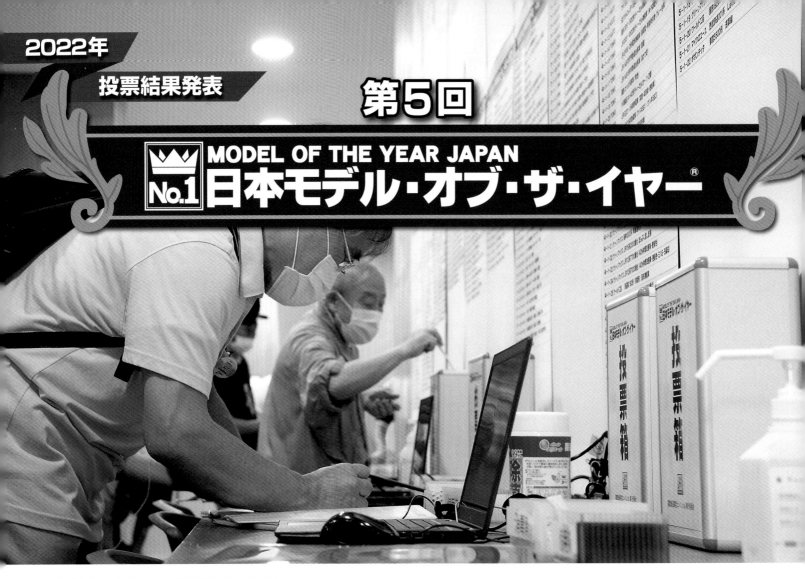

737アイテム，これが2021年8月から2022年7月までの1年間で発売された鉄道模型（塗装済み完成品）の総数である．その中からJAM来場者が最優秀模型を投票で選ぶ．

■選定規定
・2021年8月1日〜2022年7月31日の間に日本国内において市販を開始した鉄道模型車輌（塗装済完成品形態に限る）が対象．スケール，メーカーは問わないが，部門として「Nゲージ部門」「一般部門」に分けて実施する．
・イベント限定品は除く．
・「塗装済ディスプレイモデル」選定対象外．
・入場券1枚につき1回，2部門のうちどちらかに1票投票．
・製品のリストはModels IMONでの入荷取扱実績に従い会場に掲示．またWEB上でリスト・写真をアップし，投票所に備えられたパソコンでのチェックも可能．なお，リストにない商品（＝Models IMONで取扱がなかった商品）でも，規定に合致するものであればその旨を記すことで投票できる．

Nゲージ部門
第1位

第5回
日本モデル・オブ・ザ・イヤー®

西武鉄道001系
Laview G編成
〔マイクロエース〕

今年で5回目を迎えた日本モデル・オブ・ザ・イヤー®，Nゲージ部門ではマイクロエースから2022年5月に発売された西武鉄道001系"Laview"G編成8輌セットが第1位の栄冠に輝いた．複雑な3次元曲面の前面窓ガラスから側面にスムーズにつながる複雑な曲線を描くデザインを見事に再現，大きい側面窓から見える内装の充実，さらに側面窓から目立ちにくい動力を新規開発しての製品化が評価され108票を獲得した．

屋根上手すりの配置が変更された二次車を製品化

球面形状の前面デザインで前面窓は曲線半径 1,500 mm の三次曲面ガラス. この前例のない造形を忠実に再現した意欲作

◉受賞のことば

このたびは「日本モデル・オブ・ザ・イヤー」という大変栄誉ある賞を頂けた事を心から嬉しく思っております. この製品をお手に取っていただいたユーザーの皆様, 製品化に多大なご協力を頂いた西武鉄道様, そしてこの賞の制定に携わった鉄道模型コンベンション関係者の皆様に厚く御礼を申し上げます.

ラビューを企画するにあたり窓が大きいためボディーの強度と動力をどう収めるかという点に注力しました. それから内装をできるだけ忠実に再現する事にもこだわりました. 西武鉄道様のご協力もあり取材も予定通り行う事ができ, そのおかげでより良い製品に仕上がったと思ってます. 同時に発売した新規の室内灯も車内をマイクロエースの従来型の室内灯よりもさらに明るく照らし車両を際立たせた一因となっているようです.

これからもユーザーの皆様に満足していただけるような製品を目指し, 設計開発および製品の製造供給に取り組んでいこうと思います. 今後もマイクロエース製品に変わらぬご愛顧を賜りますようよろしくお願いいたします. 本当にありがとうございました.

（株式会社マイクロエース　企画部）

前照灯, 尾灯は付属の差し替え部品によりさまざまな点灯パターンが再現可能

ワイドな窓から見える客室内も見どころの一つ. そのため動力機構も薄型となっている

風景が反射する独特の銀塗装が目を惹く

第5回
日本モデル・オブ・ザ・イヤー®

MODEL OF THE YEAR JAPAN
1st

上田交通 モハ5250形
〔TOMIX〕

活躍した3輌ともに保存されており，全体の印象把握から細部の表現に至るまで綿密な実車取材が生かされている

「一般部門」はNゲージ以外のジャンルで16番を始め1:87/12mm, Zゲージ，ナローゲージなどすべて含まれる．第5回の栄えある第1位となったのはトミックスから2022年2月に発売された上田交通5250形電車．丸窓が特徴の上田交通のシンボルである．素朴なプロポーションを忠実に再現し，別パーツを多用した屋根上，精緻な床下など特筆に値する仕上がりで注目を集めた．

◉受賞のことば

　このたびはトミックス上田交通モハ5250形をモデルオブザイヤー2022に選んでいただきありがとうございます．トミックス1/80スケール，16.5mmゲージ製品で小型車輌も展開しており，2009年発売の高松琴平電気鉄道3000形に続いて，今回も扱いやすい模型を目指し製品化を行いました．

　製品価格を押えるために別部品化をなるべく行わずに，見た目の雰囲気と走行性能を確保する事を心掛けました．様々な車輌と連結可能なケイディー互換カプラーを装備し，連結走行を行わない場合にはディテールアップができる部品を付属いたしました．製品化を行う際は特徴ある丸窓の再現にこだわり，実車の保存車に係わる方のご協力や，運行当時に現地に通われた方のご意見をいただきながら製品の完成度を高めていきました．

　製品発売時には地元の新聞に掲載していただくことができ，昔乗客だった地元の方も新聞を見られてご購入をいただいたとのご連絡をいただき嬉しい気持ちになりました．

　今後も多くのお客様にご購入いただけるように製品化を進めて参ります．小型車輌の今後の製品化にもご期待下さい．このたびはありがとうございました．（株式会社トミーテック　企画部　企画1課　鈴木雅之）

ケイディーカプラーと連結可能なカプラー装備

パンタグラフのすり板・台枠部は黒色で，ランボード・歩み板・ベンチレーターは別部品で再現

第5回 No.1 MODEL OF THE YEAR JAPAN 日本モデル・オブ・ザ・イヤー® 結果発表

■ Nゲージ部門 結果（32位まで）

順位	メーカー	商品名	投票数
1位	マイクロエース	西武鉄道001系　Laview　G編成	108
2位	KATO	智頭急行 HOT7000系「スーパーはくと」	64
3位	TOMIX	特別企画品 JR DD51形(愛知機関区・さよなら貨物列車)	44
4位	TOMIX	JR 201系通勤電車(中央線・分割編成)	41
5位	KATO	E235系1000番台横須賀・総武快速線	40
6位	TOMIX	JR 215系近郊電車(2次車)	38
7位	TOMIX	東武500系リバティ／リバティけごん・リバティあいづ	36
8位	KATO	E257系2000番台「踊り子」	32
9位	ポポンデッタ	都営5500形　浅草線	31
10位	KATO	D51 498 (副灯付)	28
11位	KATO	EF61	22
12位	KATO	E257系2500番台「踊り子」	20
13位	KATO	E4系新幹線＜Max＞	18
14位	KATO	683系4000番台「サンダーバード」(旧塗装)	17
	TOMIX	特別企画品 大井川鐵道 きかんしゃトーマス号	17
16位	KATO	N700S 新幹線「のぞみ」	15
17位	TOMIX	JR HC85系ハイブリッド車(試験走行車)	14
18位	KATO	20系寝台特急「あさかぜ」(初期編成)	13
	TOMIX	JR 50-5000系客車セット	13
	KATO	683系2000番台「サンダーバード」(リニューアル車)	13
	TOMIX	国鉄 185-200系特急電車(新幹線リレー号)	13
	KATO	東武鉄道8000系(後期更新車) 東上線	13
	KATO	701系0番台 秋田色	13
24位	TOMIX	特別企画品 JR E231-0系通勤電車(成田線開業120周年ラッピング)	12
	TOMIX	大井川鐵道 きかんしゃトーマス号	12
	ポポンデッタ	JRキハ189系特急「はまかぜ」「かにカニはまかぜ号」	11
	TOMIX	名鉄キハ8200系(北アルプス)	11
	TOMIX	小湊鐵道 キハ40形ディーゼルカー(1・2番)	11
	KATO	西武鉄道 新101系 新塗色	11
	グリーンマックス	京王5000系(京王ライナー・行先選択式)	11
	TOMIX	小田急ロマンスカー70000形 GSE(第2編成)	11
32位	TOMIX	JR GV-E400形ディーゼルカー(新潟色)(秋田色)	10
	KATO	415系100番台(常磐線・国鉄標準色)	10
	TOMIX	JR 103-1200系通勤電車	10
	KATO	IGRいわて銀河鉄道 IGR7000系0番台	10
	TOMIX	JR 485系特急電車(スーパー雷鳥)	10

総得票数：1371

■ 一般部門（12位まで）

順位	メーカー	商品名	投票数
1位	TOMIX	上田交通 モハ5250形	40
2位	KATO	(OO-9)KATO/PECO スモールイングランド〈プリンス(赤)〉〈プリンセス(赤)〉	39
	エンドウ	JR西日本923形3000番台 ドクターイエローT5編成	39
	TOMIX	JR キハ183-500・550系特急ディーゼルカー(オホーツク・大雪・HET色)	39
5位	天賞堂	D50形蒸気機関車	38
	IMON	箱根登山鉄道モハ2 109 標準塗装	38
7位	ロクハン	C11形蒸気機関車 325号機 東武鉄道 SL「大樹」タイプ	36
	KATO	レーティッシュ鉄道 コンテナ貨物列車	36
9位	天賞堂	スハ44形・スハフ43形・スロ54形客車	35
	天賞堂	D60形蒸気機関車	35
	カツミ	東急6020系 大井町線 Qシート車	35
12位	天賞堂	ナロ10形・オロ11形客車・オシ17形食堂車	34
	KATO	P42アムトラック50周年記念フェーズV #46・#100	34
	KATO	アルプスの機関車 Ge4/4-Ⅱ〈RhBロゴ〉	34
	U-TRAINS	東武鉄道6050系 更新車 登場時	34
	IMON	157系特急色両栓9連【あまぎ】	34
	カツミ	国鉄485系	34

総得票数：711

KATO 智頭急行 HOT7000系「スーパーはくと」

TOMIX JR DD51形(愛知機関区・さよなら貨物列車)

TOMIX JR 201系通勤電車(中央線・分割編成)

KATO E235系1000番台横須賀・総武快速線

エンドウ JR西日本923形3000番台
ドクターイエローT5編成

(OO-9)KATO/PECO
スモールイングランド〈プリンス(赤)〉

天賞堂 D50形蒸気機関車

天賞堂 スハ44

令和鉄道放談

衆議院議員　衆議院議員
石破 茂　前原誠司　司会：名取紀之
（文中敬称略）

8月21日（日）14：00〜15：00／特設ステージ

特急「出雲」と寝台客車を愛してやまない石破茂衆議院議員，蒸気機関車撮影のツワモノ前原誠司衆議院議員，政界きっての論客二人の鉄道放談．鉄道にまつわる若き日の思い出，夜行列車の記憶，蒸気機関車撮影など趣味の話から，高齢化，人口減少の中での鉄道の役割とその将来まで，縦横に論じ来たり論じ去りの60分．

381系国鉄色「やくも」は私の選挙区ではありません（笑）

　自他ともに認める大のレイルファン石破茂衆議院議員と前原誠司衆議院議員から，さてどんな鉄道の話が飛び出すか，会場は興味津々．

　まずは司会の名取紀之氏が「石破さんは『出雲』に冗談抜きで1000回以上乗った．恐ろしい回数です」「前原さんは蒸機に関しては形式ではなく番号で語る．専門誌の編集長がたじたじするほどすごいです」と紹介．次に最近の話題ということで，381系「やくも」が国鉄色になったと口火を切ると，石破氏は「走っているところはうちの選挙区ではないので」とやや受けを狙ったかわし方で，「放談」が始まった．

　石破氏が因美線で走ったキハ47復刻国鉄急行色の急行「砂丘」のことに触れれば，前原氏も「米子からの帰りに国鉄色の381系に乗りました」と言う．お二方とも「やはり国鉄色はいいですね．全部塗り替え

写真提供：JR西日本

美しい国鉄色に復刻された381系「やくも」．石破氏は同じ鳥取でも「選挙区ではないので…」と場内から笑いを取って言うが，やはりお二人とも国鉄色には格別の思い入れがある

ていただきたいほどです」ということで頷きあった．「新しい車輌って素敵なんだけど，なんだかわくわくしませんね」と石破氏．

磐越西線三川駅発車の四季を撮りたいですね

　鉄道写真を撮り続けている前原氏は，磐越西線，山口線などの近作を披露．一番好きな場所は「磐越西線の三川です．夕方の下りの発車は最高ですね」．試運転の頃の雪もよし，残雪の山々を背景にした新緑の頃もよし，「5月に訪ねた時は淡い夕日に輝くC57に感動しました」とのこと．

　一方，石破氏の好きな列車はなんと言っても「出雲」．モニターに山陰本線を行くDD54「出雲」の写真が映し出されると「このDD54はカッコよかったですね．DD54の牽く『出雲』って本当素敵でした．20系を牽いて鳥取駅に入ってきた時の感動は一生忘れません．夢かと思いました」．ディーゼルの排気の香りまで好きと語

司会の名取紀之氏

磐越西線下り「ばんえつ物語」号では喜多方の松野踏切付近と三川駅付近が前原氏のお気に入りの撮影地．特に夕方の三川発車は「四季を撮りたい」と語るほど．左は2022年5月8日，右は2017年3月15日に行われた試運転の時のもの　　　　　　写真（左右とも）：前原誠司

宮崎着8時17分着の535列車は『SLダイヤ情報』ではC61の運用だったが，この日姿を見せたのはC57 117だった　　　　　　　写真：前原誠司

志布志から乗った列車が都城に入る前，窓から撮ったC55 52．この機関車はC55 57とともに奇跡的に生き延びていた．この旅ではその両機ともに出会うことができた　　　　　　　写真：前原誠司

る．「国鉄の車輌には独特の香りがありましたが，最近の車輌にはありませんね」とも．

父とともに行った九州撮影旅行が最大の思い出です

　前原氏の少年時代最大の思い出はお父さんが連れて行ってくれた九州撮影旅行だった．「小学校6年生の春休み，日豊本線の南宮崎電化が昭和49年4月24日ですが，その直前でした．どうしても九州の蒸機の写真を撮りたいということで，親父が勤めを休んで4泊5日で京都から急行「日南」に乗って出掛けました．小倉で降りて，折尾から若松へ．『SLダイヤ情報』に載っているダイヤで調べたら臨時の貨物列車とすれ違います．カメラを持って窓から首を出していたら，来ました，来ました．D60 61号機．この

車窓から撮ったD60 61．写真：前原誠司

機関車は福岡県の遠賀川のほとりに保存されています」．翌日の宮崎では「『ダイヤ情報』を見て，たった一輌生き残っていたC61 18号機が牽いてくると期待したら，入線してきたのは遠目にも細いボイラーでプレートが赤かった．C57 117号機でした．蒸機最後のお召列車牽引機です．C61ではなくて少しがっかりしましたが，この時に見てC57 117号機が私の

いちばん好きなC57になりました．この後の発車シーンも撮っています」．この次に国交大臣当時の中央本線小淵沢でのD51撮影風景も投影された．

東京行直通列車がないって悲しいですね

　鳥取は石破氏の地元だが，前原氏の両親も境港の出身で「米子機関区は馴染みのある機関区です」とのこと．子どものころは里帰りはキハ58

系の急行「白兎」，一人で行く時は夜行普通列車の「山陰」を使ったという．石破氏は東京への直通列車がなくなったと嘆く．「私の選挙区は電化していないので『サンライズ出雲』は来ません．DD51に牽かしてでも通したいです．直通列車がないって悲しいですね．とはいえあまり『サンライズ出雲』の悪口を言って廃止にでもなったら大変なのでこのへんにしますね」．

　夜行『出雲』に1000回以上乗ったという石破氏だけに寝台車には格別の思いがある．「3段寝

石破氏がこよなく愛した「出雲」．鳥取から東京に直通する唯一の列車で思い出は限りなくあると語る．2006年3月に廃止されるまでオシ24を連結（非営業）した正統派のブルートレイン編成だった

餘部鉄橋を渡る「出雲」を懐かしむ石破氏

285系「サンライズ出雲」は非電化の鳥取は通らない．「直通列車がないのは悲しいですね」と石破氏

B寝台客車オハネフ12（前から４輌目）を連結した京都〜出雲市間の夜行普通列車「山陰」

石破氏が学生時代乗り通した出雲市発名古屋・金沢行長距離急行「大社」

台の上段は少し安くて，屋根のRもありますが，荷物スペースが使えるので狭いとは感じませんでした．14系になって座席から寝台に電動で変わるようになってすごいなぁと思ったものです．20系は寝台をつくる係がいましたからね」と石破氏が言えば，前原氏も「選挙区が京都でして，東京へは夜，新幹線を逃すと急行『銀河』か『出雲』になる．ゆっくり乗るなら『銀河』．東京駅には東

京温泉という銭湯があって，早朝，一風呂浴びに行きます．野中広務先生がおられて，裸でご挨拶したこともありました」と思い出を語った．

いかに危機的夫婦でも救われるそうです

前原氏は「トワイライトエクスプレス」に２度乗ったことがあるという．「うち１度は取材で家内

東京駅の夕方，13番線から博多行「あさかぜ１号」，12番線から浜田行「出雲」が５分違いで発車する．「夜行列車の車内は半分地元」と石破氏．ホームではお国訛りが聞けた　　　　　　　写真：RGG

「出雲」の車内販売．「あごやき」のおつまみがいかにも山陰を走る列車らしい　　　　写真：RGG

まで一緒に乗せていただいて豪華な旅を楽しませていただきました」．車窓の眺めや旅情，設備の豪華さなどを語った後，「石破さんは北海道へ講演するときは飛行機ではなくて『北斗星』や『カシオペア』にしろというたぐいの方」と話を振ると「北海道の選挙応援や講演はしんどいんです．時間かかるから．それでも，ホレホレと『北斗星』の切符をひらひらされると『わかりました！　行きます！』となっちゃう」と石破氏．

「石破さんと夜行急行『だいせん』の議論をして負けたことがあるんです」と前原氏が水を向けると，「鳥取での会合が遅くなると，飛行機の最終便にまず間に合わないし，『出雲』も間に合わないということが多かった．そうなると，鳥取駅午前１時半発の大阪行き急行『だいせん』で大阪まで出て，ダッシュで新大阪まで移動して『ひかり』に乗り換えると，なんとか午前の委員会に出られた．100回は乗ったかなぁ．『だいせん』の寝台車はまだ20系でしたし，『グランドひかり』の二階の食堂車で朝食を食べたのも懐かしい思い出です．あんな輝いていた時代がもう一度こないかな，などと夢のようなことを考えています」と石破氏．

大いに語る二人に名取氏がクルーズトレインについて聞く．前原氏は「〈ななつ星〉〈瑞風〉など，いろんな価値を発掘して鉄道需要につなげる発想は素晴らしい」，石破氏も「テレビの取材で〈ななつ星〉に２回乗りました．あの時間は夢のような時間だった」と高く評価．「感動これに勝るものはない．いかに危機的な夫婦でも救われるそうですからね（笑）．どうやったら人が喜んでくれるかを考えた究極のサービスです」．乗ることがこの上なく好きな石破氏だが，やはり思い入れが強いのは夜行列車．モニターに映る特急『あさかぜ』車内の浴衣姿で談笑する乗客の写真を見ながら「いい光景ですねぇ」とわがことと重ねて振り返る．「夜行列車の素敵なところは，車内は半分地元というところ．『出雲』発車前の東京駅の13番・14番ホームでは，鳥取弁や出雲弁が聞けます」．

夜行列車に揺られながら英気を養いました

さらに別の面でも夜行列車はいいと石破氏は語る．「通るのは山間部だから電話は圏外．電話が通じないってこんなにうれしいことはありませんね．個室で誰も来ない，電話がかからない，ビデオデッキが備わっていたから好きな映画も見られるし，酒が飲める．車内でリセットして，さぁ頑張るかと気合を入れるわけです．この時間がなかったら議員は続けられなかった」．続けて「『出雲』に乗って城崎あたりで朝を迎え浜坂で出来立

オハネ14三段式B寝台　　写真：RGG　　ナシ20の車内. 食堂車での食事や一献も旅の楽しみの一つだった　　　　　　　　　　写真：RGG

寝台車内でくつろぐ乗客　　写真：RGG

ての駅弁を食べる. こんな美味しいものはありません」とも. こんなこともあったそうだ. 「食堂車で地元のみなさんが宴会をやっている. 石破くん飲め, もっと飲め, というわけでもうふらふら. どうやって寝台に帰ったか分からない. 目が覚めたら財布がない. 2回やられました. よく見てますよね, そういう人たちって」.

前原氏の夜行の思い出は「蒸機なき後, 大好きなEF58とDF50がともに撮れる新宮へ, 天王寺からEF58の牽く夜行普通列車の『はやたま』で何度か行きました. 釣り客が多くて賑やかで一睡もできませんでしたね」. さらに, 「松下政経塾に学んでいた4年間は本当にお金がなくて, 青春18

きっぷを利用して "大垣夜行" を使っていました. 茅ヶ崎から乗るので行きは1枚で行けます. 帰りは日をまたぐので2枚」

半日かけて部屋を掃除して レールを敷いて…

さて, 鉄道の将来についてお二人の見解はやや異なる.

前原氏は「人口が増えているとき高速道路や空港などインフラを作り過ぎました. そして現在の人口減少という局面. 鉄道基金の運用益も出ません. この社会状況の変化の中で鉄道をどうやって残すかは政策の問題です」と語る. 「個人的には鉄道を残してほしいと思いますが, これからは地域の方々との話し合いをしてゆくなかで, 残すなら地域でどれだけサポートしていけるか, 国がどういった支援をするか, 廃止ならどういった代替案があるか. 真剣に話し合って地域が納得することが重要です」. さらに「鉄道として全部残すのは無理だと思います. 鉄道が好きというだけで残せという議論にはならない. 丁寧に話し合うことが大事と思います」と語る.

石破氏は「『儲からないから道路をやめましょう』という話は聞いたことがないですよね. 同じ公共交通機関なのに, なんでこんなに発想が違うのと思います. 人口が減る中で鉄道をどうやって使ってゆくか. "乗って残そう運動" では鉄道は残りません. どうやって乗りたくなる鉄道, 行きたくなるまちをつくるかという議論をしないままに "赤字だからやめちゃえ" という発想は短

絡的. 鉄道単体だけを取り上げて "国や地域や鉄道会社でなんとかせい" という発想ではなく, 日本全体の中での鉄道の役割という総合的な視点で議論を尽くしたいですね」語った.

「鉄道放談」の続きができることを願っています

7月にコロナに感染, 議員宿舎で隔離生活に入った前原氏, 「半日かけて部屋を掃除してレールを敷いて模型を走らせました. 5年ぶりです. 年間数輌は確実に増えていますから, よい機会でした. それにしても天賞堂は危険ですね. 今日は買わないと誓っていても, やはり何か買ってしまいます」. 石破氏はお盆休みの2日間「『六角精児の呑み鉄本線・日本旅』をまとめて見ていました. あれめちゃくちゃ面白いよね. ああいう, 酒を片手にゆったりとした鉄道旅をしてみたいものです」.

「それぞれの地域の人, 産物を味わうのが鉄道じゃないかと, 改めて思いました. 素晴らしさを再発掘してもらい, 地域経済につなげていく. そういったことに取り組ませてもらいたい」と前原氏が結ぶと, 石破氏も「高齢化や人口減少への対策, 一極集中の解消, といった国の課題の解決に鉄道をどう使えるか. これが重要です」と語り, 「飲みながらでもいいではないですか, 鉄道を使ってどうやって新しい日本をつくろうかという話を, 頻繁にしていこうではありませんか」と訴えた.

特設ステージ周辺は立ち見も出るほどだった

鉄道模型クリニック

モデラー秘密のテクニックや実物の解説を間近で学ぼう！

鉄道模型クリニックはその道の第一人者が長年の研究成果を積極的に公開し，知識を深め合うことを目的に行われる少人数参加の講座である．これは同好の士の知的交流を目的としたコンベンションらしい催しである．技術・センスの卓抜したモデラーから実物の研究家，さらには鉄道の現場や製造現場で活躍したエキスパートの話を間近で聞くことができる90分だ．バラエティ豊かな講座が3日間にわたり多数開催された．

完成した作品を鑑賞するだけでなく，作者のクリニックを聴くことによって卓越した知見をより深く吸収することができる

鉄道模型誌の誌面を飾るシャープで美しい模型写真は一体どのように撮影しているのだろうか．小さなスケールモデルを鮮明に記録するために，プロカメラマンは機材や照明に工夫を凝らしてテクニックを磨いてきた．このように文字や映像では伝わらないスペシャリストの技術や思いを直接見聞きできるのがクリニックの醍醐味である

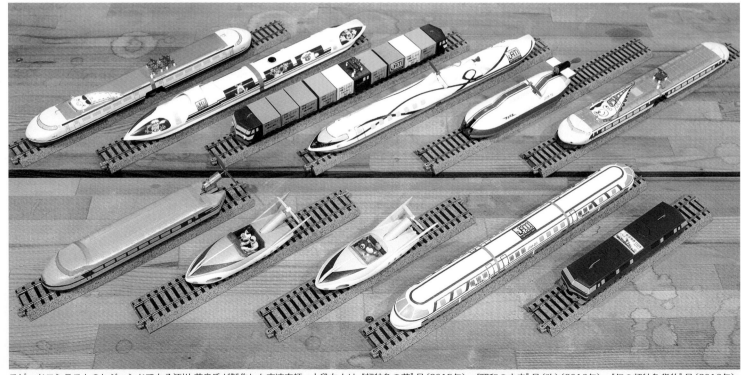

スピードコンテストのレジェンドである江川 芳章氏が製作した高速車輌．上段左より "超特急の夢" 号（2015年），"昭和の未来" 号（改）（2016年），"幻の超特急貨物" 号（2016年），"つばめ" 号（2016年），"Discover Dream" 号（2017年），"ZERO（ジロー）くん" 号（改）（2017年），下段左より "平成ロマン8" 号（2018年），"流星" 号（2018年），"流星" 号光速Ver.（2019年），"スピコン記念" 号（2019年），"令和ロマン3" 号（2022年）．ちなみにすべての名前の前に "びっくりハウススペシャル" という冠が付く

スピードコンテストのレジェンドが製作技法を伝授！

高速モデルへの挑戦

講師：江川 芳章　8月19日（金）第1限教室3

JAM実行委員会から「速いスピコンマシンの作り方を講演して欲しい」という依頼を受けました．そこで，どうすればご理解頂けるか？を考えたのですが，40年前の"スピードコンテスト"から，私がどういうアイデアを基に，どんな車輌を開発してきたかをご紹介するのが一番！という結論に至りました．紙数が限られておりますから世界記録の車輌ができるまでを紹介したいと思います．

別宅である"びっくりハウス"に作られた0系新幹線のビュフェ内にて、世界記録を打ち立てた"昭和の未来"号（改）を持ちポーズを取る江川講師。ビュフェの周囲には新幹線をメインに据えた大きなレイアウトがあり、氏がどれだけ高速車輌が好きかが伺える

おはようございます．江川と申します．まずは私の経歴について簡単にご紹介します．

1980年代，マブチに入社しました．そこではモーターの開発に従事しておりました．途中で家業のレーザー加工業を継ぎ，それ以降はステンレス素材を中心とした加工を仕事としております．

趣味はもちろん鉄道模型ですが，私はスピードを追求することにも興味がありました．40年前のいさみや，エコーモデル，ピノチオ模型主催の"スピードコンテスト"に2度参加しております．その時の内容は『鉄道模型趣味』誌（以下，TMS）の1982年1月号と1983年の1月号に掲載されています．どちらも

結果は芳しいものではありませんでしたが，その時の教訓がその後の高速モデルの設計・製作に活きていると思います．そう考えると失敗は無駄ではありませんでした．

■スピコンはカーブがあった
現在のJAMのスピコンは直線50mのスピードを競うものですが，かつてのスピコンは図2の

ように様々なカーブが用意されており，スピードだけでなく，遠心力によって脱線しないように配慮せねばなりませんでした．そこで，いかにして高速でカーブに進入し，車輪を線路に追従させるかが課題となりました．今のスピコンとは全く異なりますね．

1：40年前に行われた"スピードコンテスト"はTMSの1982年1月号と1983年1月号に掲載されている

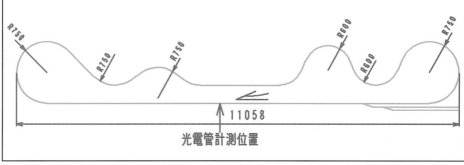

2："第一回 スピードコンテスト"の競技コース．ここをどれだけ速く2周するかで争った

11058
光電管計測位置

『鉄道模型趣味』1982年1月号より

3："第一回 スピードコンテスト"の参加車輌．優勝と準優勝の車輌は，動軸はボギーではない単軸駆動でスロットレーシングのようなつくり．一方，私は連接機構でいけないかと考えた

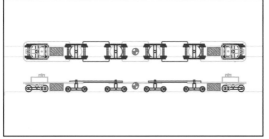

4：よって第一回コンテストは，こんな構造の連接車を作った．両端に重量物を配置し，連接部は捻じれない構造なのが特徴だった

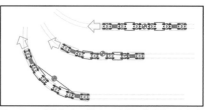

5：カーブ進入時，前方の車輌が転覆しそうなスピードで進入しても，後ろの車輌の重み（マス）がその転覆を防ぐ方向に働くのでは？と考えた．一番下の図は，車輌全体が曲線内に侵入すると，重心位置が軌道の内側に入り込むため，転覆しづらくなるのでは？と考察したもの．しかし，結果はビリから3番位だった

『鉄道模型趣味』1983年1月号より

6：82年の優勝者は会田氏の"バレンタインスペシャル"で23.34秒，準優勝者は五十嵐氏の"練馬大根スペシャル"．すべて名に"スペシャル"が付いていた．3位まで，ほぼ同じ車輪配置

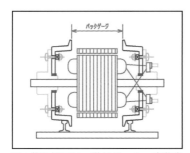

7：第二回では，私はモーター内蔵車輪の車輌を作った．バネ下荷重が重くなるため，車輪部（青色）は支持するフランジ部（水色）の間に弾性材（バネやゴム，赤色）を噛ませた

8：車輪は弾性車輪とし，フランジ側面には"平コミュテータ"と"ブラシ"がある．ブラシは真鍮板で保持されている．結果はバックゲージが足りず，ポイントのガイドレールに引っかかって飛び上がり，1周もできなかった

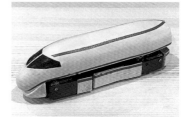

9：これがその実物．完成は大会当日の明け方．塗装も乾いていない状態で会場に向かった．
このスピコン大会の経験から"奇をてらう構造"では勝てないということと"事前準備がモノをいう世界だ"という教訓を得た

■JAMによる復活

井門 義博氏のブログよりJAMにてスピードコンテストが開催されるかもという情報を得ました．そこで開催の半年前からマシンの構想を練りだしました．

右の**10**は構想初期のスケッチです．カーブのあるエンドレスを予想し，3軸のマシンを考えました．円弧上の3点が判れば，その円の中心は幾何学的に求まります．車体を3連接とし，車軸を固定して連接部の曲がる角度を同じにするとフランジのアタック角は0度となります．

車体の曲がる角度をリンク機構を設けて同じにすると，車軸は常に円弧の中心を向きます．そこで今回はそれも追加することにしました．

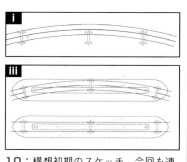
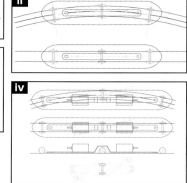

10：構想初期のスケッチ．今回も連接機構とするが，リンク機構をつけ，車軸が常に円弧の中心を向くように設計する

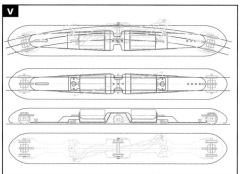

実際に製作した3軸マシン1台目の図面

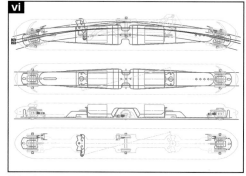

vの車体リンク機構に若干の自由を与えるべく，リンク機構に緩衝部を設けた．これが1号機の図面となる

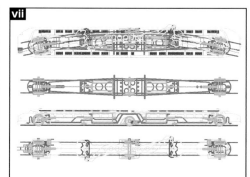

1号機によるテストの結果から，モーターの小型化等のブラッシュアップを図った2号機の図面

11：完成した1号機．リンク機構によって全ての車軸は円弧の中心を向くようになっている

12：2号機ではDD51の中間台車（TR-101A）のアイデアに触発され，カーブ通過時に中間軸へ，より荷重の掛かる"踏んばる機構"を組み込んでみた

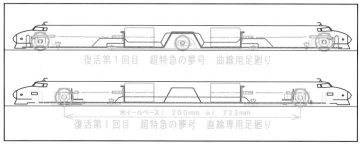

13：発表により50mの直線上で最高速を競うことを知る．これにより時間を掛け，考えたリンク機構が不要となった．さて，直線のみならば最高速度は秒速10mは出るだろう．そのため2軸のロングホイール車に仕様を急遽変更することにした．どの程度のホイールベースが良いかはこの時点では分からなかった

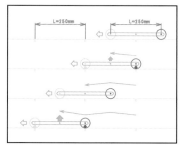

14："ホイールベース＝レール長"の場合，車速増加中に重心上下方向の固有振動数と車軸突き上げのタイミングが一致する危険性が高い

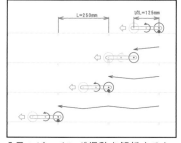

15：ピッチング振動を解析すると，ホイールベースがレール長の偶数分の整数の値（例えば1/2L）の場合，振動は増幅される．これも良くない

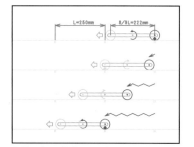

16：色々考え，ホイールベースはレール長の奇数分の偶数の値（例えば8/9L）が良いと判断した．実際にはレール長250mmに対し，ホイールベースを222mmと決定

■検測ローラーの製作

"どうにか50mの直線を走行する状態を再現できる方法はないか？"スポーツジムのエアロバイクに乗りながら考えていて，ローラーに載せての検測を思い付きました．早速，作図を始めました．

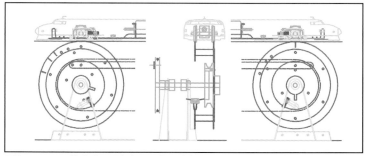

17：レールに該当する回転部の円盤は直径約80mmでレールの継ぎ目を模した切り込みを付けた．外周はエンドウの直線レールと同じ250mmとした．また切り込みには段差があり，進行方向により衝撃力を選択可能．カップリング・ロッドは前後車輪の継ぎ目通過の位相を固定するために設けている

18：完成した継ぎ目ありの"検測ローラー"。車体の振動を観測する目的で作ったが、初めは装置の完成に満足し、スピードが出ていないことに気付かなかった

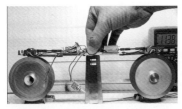

19：色々いじって気付いたが、上から荷重を掛けると速くなる。荷重により軸受の負荷が増えているにも関わらず、高速になるということは高速走行車輌は集電性能が著しく低いということに気付いた

20：そこで線路から直接集電するように車体中央にスライダーシューを搭載した。これによりスピードは2割ほど増したようだ

■モーターの特性を知る

モーターはスロットレーシング用の市販品。入門（ポインタ2）・中級（FOX4）・上級（チータ4）用と数種選べます。それらは"回転計"と"電流値が読める電源"、"プーリー"があれば簡単に測定できます。"チータ4"モーターに6V印加した時の性能を測定しました。

21：モーターの性能を測定するため、旋盤で真鍮丸棒から直径20mmのプーリーを作る

22：ウエイトを糸に吊り下げ、その糸をプーリーに2重に巻き付け、その端を保持することでモーターの回転に任意の負荷を掛けることができる

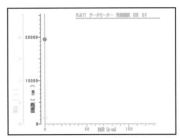

23：図はX軸がトルク（負荷）〔g-cm〕、Y軸の赤が回転数〔rpm〕・Y軸の黄色が電流値〔A〕である。まずは無負荷で反時計方向回転時の回転数と電流値を測定しプロットする

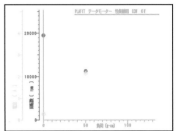

24：次に50gの錘を糸の先端に吊るし22の状態で50g-cm負荷を掛ける。この時の回転数と電流値を測定しプロットする。この2回の測定だけで、モーター性能のほぼ全てが分かる

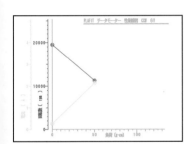

25：直流モーターの負荷特性は直線的に変化するため"無負荷"と"50g-cm負荷"の回転数・電流値の点を直線で結ぶと"性能線図"が描ける。この図が有ると、メカ内部のモーターでも負荷は電流値を読むだけで分かる

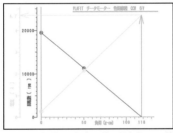

26：回転数の直線を"0回転"まで伸ばすと"停動トルク：118g-cm"が分かる。そこから垂線を伸ばし電流値直線の延長との交点を求め、そのY軸の値を読むと"停動電流：4.7A"が分かる

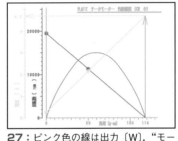

27：ピンク色の線は出力〔W〕。"モーターの出力"は"トルク"×"回転数"なので、出力が最大となる負荷は、停動トルクの約半分の位置にある

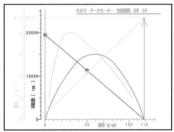

28：水色の線は効率〔％〕。"モーターの効率"は"出力÷電流値"なので、効率が最大となる負荷は、停動トルクの約1/4の位置になる

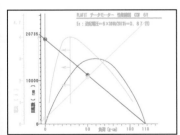

29：メカで稼動しているモーターの負荷が停動トルクの1/4より大きい場合は過負荷状態にあり、モーター寿命に影響する。また線図からモーターの逆起電圧〔V〕を推測することも可能

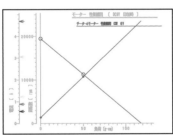

30：手元にある数種類のモーターを測定し、性能線図上で比較してみる。6V印加・反時計回転で測定。まずは"チータ4"の性能線図を赤線で示す。6Vの無負荷で20000rpmも回るが電流も280mAと大きい値である

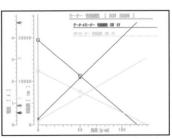

31："FOX4"の性能線図を水色線で加える。"チータ4"に対し、停動トルクは少し伸びているが、停動電流や無負荷回転数は2/3程の値を示す

32："ポインタ2"の性能線図を青線で加える。他のモーターに対し停動トルク・無負荷回転数のいずれも1/3～1/4程度で、初心者用であることが良く判る

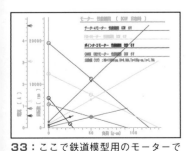

33：ここで鉄道模型用のモーターであるCanon CN22高速モーターの線図をピンク色で加える。低回転ながらトルクもあり、なにより無負荷時電流の小さいことが素晴らしい

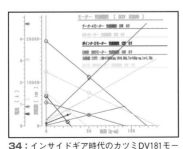

34：インサイドギア時代のカツミDV181モーターの線図を黄色で加える。鉄道模型用としては高回転でトルクもあまり伸びていないことから、磁力が弱いことが窺える。無負荷時の電流も大きく、このモーターでは容量の大きな電源が必要になることが伺える

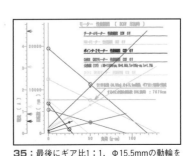

35：最後にギア比1：1、Φ15.5mmの動輪を持つマシンで現在の世界記録を超えることが出来る6V換算のモーター回転数の範囲を、緑色の線で性能線図に書き加える。すると、その可能性は"チータ4""FOX4"の2種類のモーターしか無いことが判る

■振動対策について

車体の一部をバネ化してレール継ぎ目の衝撃を緩和しておりますが、そのバネに減衰機構を組込めないかを考えました。車体振動が減衰出来ないと安定走行出来ないばかりか集電性も悪化します。しかし、円筒形のダンパー等は組み込めません。そこで、衝撃吸収材"ハネナイト"（商品名）の活用を考えました。

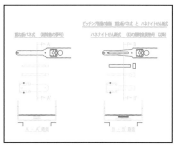

36：左側は初期マシンのみ採用の"重ね板バネ式"の緩衝機構．右側は復活大会2年目以降のマシンに採用した"ハネナイトせん断式"の緩衝機構

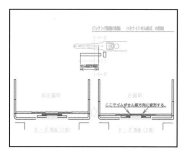

37："ハネナイトせん断式"の動作原理．荷重が掛かるとゴム（赤）がせん断方向に変形し緩衝する．タワミ量の全域で緩和効果を発生させる

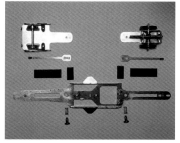

38：ステンレスの薄板をレーザーでカットしてシャーシや台車などのパーツを作る．黒い板が緩衝材のハネナイトである

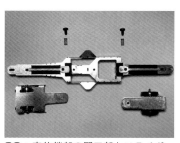

39：車体端部の開口部とスライダーとの間にハネナイトを挟む．薄いハネナイトを，その厚み方向の変形でなく"せん断方向の変形"に変えて活用する所がミソ！

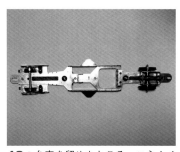

40：台車を留めたところ．ハネナイトによる振動緩和機構を省スペースで収めることができた．写真は2022年製作のマシンで動力は右側の1軸のみ

41：横と上から見たところ

42：初期マシンに採用した"重ね板バネ式"の緩衝実験．これはこれで効いているが，着地後やややブレていることがお判りだろうか

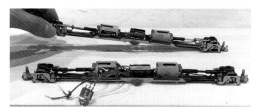

43：これは"ハネナイトせん断式"の緩衝実験．2cm程度の高さから落下しても全くブレず，緩衝性能の絶大な効果が判る

■はたしてモーターへはどれほど印加されているか？

検測ローラー上のマシンはスピードが出ていないため，"レール⇔車輪"間の集電性が著しく悪いことは想定済．そこで検測ローラー上でマシンのモーター端子にリード線を付け実際に測ってみました．するとレール間に12Vを印加しても，モーターの端子間には3.1Vしか届きません．これは"レール⇔車輪間の抵抗値"が数Ωある一方，"モーター見かけ上の抵抗値"がそれより小さく，印加した電圧がモーターまで十分に届かないことが伺われます．そこで値を実験的に求め，またマシンに電解コンデンサーを搭載した場合の効果も調べてみました．

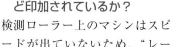
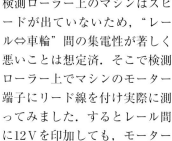

44："FOX4"を2台並列接続で搭載するマシンを検測ローラーで12V印加したところ，電流は0.9A，モーター端子間電圧は3.1Vと計測された．これにより，モーターの見かけ上の抵抗値は3.1/0.9＝3.44Ω（6.9Ω 2個の並列），回路全体の抵抗値は12/0.9＝13.3Ωと考えられる

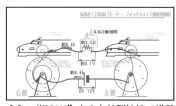

45：左右の円盤を短絡すると，回路内の抵抗は"右側の摺動抵抗"と"左側のベアリング軸受の転動時の抵抗"の合算値となる．ここで定電流電源装置を用いて1A流れるため要する電源電圧は"停止時：1.0V""回転時：2.2V"であった．よって，回路内の回転時の抵抗値は2.2/1＝2.2Ωと考えられる

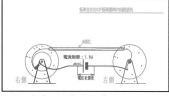

46：前述より回路全体の抵抗値は13.3Ω，モーターの見かけ上の抵抗値は3.4Ω（2台並列接続時）．ここで検測ローラー2か所の回転時の合算抵抗値は2.2Ω，構成の似ている車輪側2か所の合算抵抗値も同程度と考えると"車輪と円盤間の転動時の抵抗"（2か所合算値）は13.3-3.4-2.2-2.2＝5.5Ωと導ける

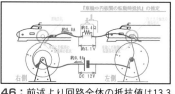

47："レール⇔車輪間の抵抗値"が5.5Ω，マシン摺動部の抵抗が2.2Ω，計7.7Ωもあるため，例えば搭載する"モーターの見かけ上の抵抗値"が7.7Ωだとすると，モーター端子間には6Vが届く計算となる．よって，モーターに十分な電圧を供給するためには"モーターのみかけ上の抵抗"が大きなモーターとすれば良く，しいては無負荷電流値のより小さいモーターを選定することが，速いスピコンマシンを作るコツともいえる

48：電解コンデンサーを用いて踏面の接触不良を電気的に補うとモーターへの印加が3.2V→3.9Vへと改善された

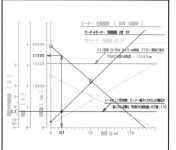

49：性能線図に"モーター端子間に6V以上の電圧が届くのに必要な見かけ上の抵抗値の下限7.7Ω"の青線を加えてみた．すると，"チータ4"（赤線）では6V印加時，メカ負荷13.3g-cmで"見かけ上の抵抗値"が7.7Ωとなり，その時の回転数は17300rpmとなる．この回転数は世界記録に必要な回転数15340rpm（すべりを考慮しない）を上回るため"チータ4"1個を使用し，メカ負荷が13.3g-cm未満の場合，新記録達成の可能性があることが伺われる

50：2019年に新世界記録を打ち立てた"昭和の未来"号（改）．試行錯誤の末，高速走行に必要な条件は，①車輪のレールへのより良い追従性，②集電効率の向上，③コンデンサーの使用，④向上した集電特性とのバランスを計ったモーターの選定，以上の4つが重要だと個人的には結論付けた　　　　（終）

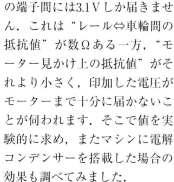

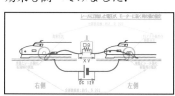

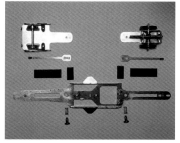

国鉄蒸機をモデルで再現するテクニックの数々を披露！

1/80真鍮蒸機の工作

講師　板橋 俊明
【8月21日】第2限教室1

講師として招いたのは縮尺1：80で精密な蒸気機関車を製作し，専門誌に多くの記事を発表してきたベテランモデラー，板橋 俊明さん．既成の概念にとらわれない独自の技法が，写真や図を用いて解説された．

クリニックではモニターに投影した資料を用い，まずプロトタイプや時代の設定から始まり，実物資料，工具や便利グッズ，素材といった準備段階へと進んだ．そのあとは実践編となり，パーツの選定と管理，高さや幅など基本寸法の出し方，主台枠のイコライザーの調整，上廻りと下廻りの組合せに際しての調整，複数メーカー混成における注意点，ディテール工作テクニック，ゲージ13mmと16.5mmの比較，塗装と仕上げの各項目が詳しく解説された．作品の展示もあり，超絶ともいえるほど作り込まれたディテールが印象的であった．

板橋さんの代表的な作品の例，岩見沢第一機関区のC57 144（16.5mm）．ジオラマもご自身の作品　撮影：青柳 明（RM MODELS）

組立中の下廻りも展示され，完成後には隠れる主台枠内部もじっくりと見ることができた

モニターに投影した資料を用いてクリニックが進められ，作例の展示もあった

未塗装のC62 48とD62 20（ともに16.5mm）．蒸機のハンダ付けは難しい模型工作のひとつだ　　　　撮影：板橋 俊明

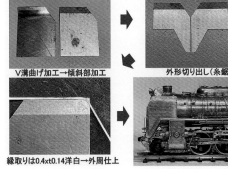

V溝曲げ加工→傾斜部加工　　　外形切り出し（糸鋸）

縁取りは0.4xt0.14洋白→外周仕上

モニターに投影した資料から，t0.2リン青銅板からD62のデフレクタを作る手順

講師の板橋さん（左）とアシスタントを務めた清水 寛さん（右）

模型で楽しむ飯田線の旧型国電

講師 関 良太郎
【8月19日】第2限教室3

講師を務めたのは鉄道模型メーカーKATOで製品の企画などを担当されている関 良太郎さんで，クリニックのテーマは，実車ファンにもモデラーにも根強い人気がある飯田線の旧型国電．2013年に始まり間もなく第32作目として流電クモハ52（1次車）をリリースする，Nゲージ製品"飯田線シリーズ"の解説が主体となり，隠されたエピソードも披露された．飯田線で過去から現在に至るまで活躍してきた実物についても，ご自身が撮影した写真も用いて詳しく紹介され，飯田線という路線の面白さを改めて実感する内容であった．また，今後の"飯田線シリーズ"の展望にも触れられ，参加者は熱心に耳を傾けた．

クリニックはモニターに写真，図，イラストなどの資料を投影して進められた

講師は関 良太郎さん（左）で，飯田線の模型作品や実物解説は多くの著作がある宮下 洋一さんがアシスタントを務めた

今回は教室に入場する人数が制限され，本クリニックを含め満席になる講演が続出した

モニターに投影した資料から，上り向きのクモハ52，1次車001と2次車003の前頭部を比較

左クモハ52001；右クモハ52003

鉄道模型の写真撮影技法

講師 青柳 明
【8月19日】第3限教室2

講師の青柳 明さんは鉄道模型誌編集部カメラマンとして長年活躍されたほか，国内外の実物写真撮影も手がけている．クリニックでは，ご自身の経歴や作品，撮影テクニックなどを紹介したのち，模型車輌撮影が実演された．撮影機材に加え，撮影台や照明装置を持ち込み，カメラに接続したパソコンの画面をモニターに映し，構図や露出などの調整をリアルタイムで解説．また，綿を使った蒸気機関車の煙の演出も紹介された．目の前で行われることを見ることで，誌面を飾った写真がどのようにして生み出されたのかがよくわかり，クリニックの意義を改めて認識させられた．

実演で撮影した縮尺1:87のD51の形式写真

講師の青柳 明さん（左）とアシスタントを務めた上保 光正さん（右）

撮影の実演中はカメラに接続したパソコンの画面をモニターで見ることができた

会場で簡易的にスタジオの設備を再現し，模型撮影を実演した．右の写真では綿を使って蒸機の煙を演出中

天賞堂とともに　Since 1951

講師 松本 謙一
【8月19日】第2限教室2

講師の松本 謙一さんは少年時代，自宅最寄りの模型店が銀座の天賞堂で，2019年にビル建替えのため移転するまで幾度となく通った．クリニックでは長年親しんだ天賞堂をテーマにメーカー，模型店の両面から写真とともに回想．往年の製品，店舗，工場などが写真で紹介され，ご自身の思い出やエピソードも語られた．

松本さんのコレクションから，思い出深い天賞堂製品が展示された

講師は松本 謙一さん（左），アシスタントは藤井良彦さん（右）が務め，モニターに写真などを投影しながら進められた

2019年3月，旧天賞堂ビルでの営業最終日に，閉店した模型部の前に佇み追憶に浸る松本さん

16番路面モジュールはこんなに違う

講師 西村 慶明
【8月20日】第1限教室1

タイトルの16番（縮尺1：80・軌間16.5mm）路面モジュールは実例がモデラー出展に使用されたためクリニック会場に持ち込めず，急遽題材を北海道の炭鉱鉄道の車輌フィニッシュと情景作りに改めての開催となった．講師はイラストや模型作品を数多く発表してきた西村 慶明さんで，ご自身が訪れた炭鉱鉄道の印象を模型の世界に甦らせる技法が解説された．

1:80・16.5mmで炭鉱鉄道の機関庫を再現した作品が展示され，実物さながらの情景が印象的だった

草や木を表現する新素材，"マルティン・ウエルベルグ"製品も展示

ペーパーモデルの製作技法

講師 井門 義博
【8月20日】第1限教室2

Models IMON社長・井門 義博さんが講師を務めた．テーマはペーパー車輌の製作技法で，モデラー出展"チームおやびん"で競作した東急の旧型車について解説．実物の資料収集，ペーパーへの罫書き→切抜→組立，そして仕上げと工程が披露．撮影に使用した武蔵新田駅ジオラマの作者や『とれいん』掲載写真を撮影したカメラマンも出演した．

宮下さん製作の武蔵新田駅に井門さん製作の東急3500形を置き，松本さんが夕方の雰囲気で撮影した写真

車体用方眼紙から窓枠を切り出すところ

奥から講師の井門 義博さん，『とれいん』掲載写真を撮影した松本 正敏さん，武蔵新田駅ジオラマを製作した宮下 洋一さん

日本のスイッチバック

講師 江上 英樹
【8月20日】第1限教室3

山岳地帯で列車が進行方向を切り替えながら進む，スイッチバックをテーマにしたクリニック．講師の江上 英樹さんが線路配置によりスイッチバックを8種に分類したうえで，各地の実例を写真や図を用いて詳しく解説した．また，木次線出雲坂根駅に現存するスイッチバックの魅力と，それを盛り上げる活動についても紹介された．

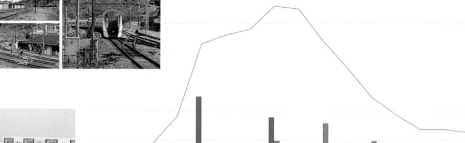

スイッチバック（勾配型）の数の推移

各地のスイッチバックの写真や線路配置図などをモニターに投影しながらクリニックが進められた

モニターに投影した写真から．左上は2018年にスイッチバック使用を終了した中央本線初狩駅の現状（2022年撮影）．上はスイッチバックの数の推移で，折れ線が総数，青が新設数，橙が廃止数を示している

鉄道模型に重量感を求めて

講師 高橋 和志
【8月20日】第2限教室2

講師の高橋 和志さんは昭和の国鉄車輌を中心に縮尺1：80・ゲージ16.5mmの模型を手がけている．テーマは車輌を生き生きとさせるウェザリングの技法．完成している車輌に対し"マスキング→ディテール強調＆アクセント付け→汚れ表現→影付け→コーティング→マスキング剥がし"と分解せずウェザリングする手順が解説された．

展示された作品．タイトルの通り，実物さながらの重量感が伝わってくる

モニターに投影した資料から．最終段階でマスキングを剥がすところ

講師の高橋さんはウェザリングのほか，ディテールアップ，ジオラマ，内装，人形等の工作を楽しんでいる

Nゲージ実感的製作技法

講師 まるお
【8月21日】第1限教室1

Nゲージ車輌の工作をテーマとしたクリニック．工具や接着剤の選び方から始まり，車体など基本部分の製作，ディテール加工や塗装などの技法へと進んだ．また，工作で失敗した際の対処についても解説され，破損箇所の痕跡が綺麗に消える様が見事であった．多くの作品が展示され，参加者が熱心に見入っていた．

会場に展示された作品群．Nゲージという小さなサイズながら，精密感と質感が見事

左が講師のまるおさん，右がアシスタントの亀坂 和利さん．画面では実演の手元を拡大

ジオラマとウェザリング

講師 松川 詠一
【8月21日】第1限教室2

講師は実感的なウェザリングをした車輌，機関庫や駅などのジオラマ作品を手がけ，"Pine Cone Products"を主宰している松川詠一さん．クリニックでは実物資料の調査から設計，製作へと続く過程が，写真や動画を用いて詳しく解説された．美唄機関区と三美運輸のジオラマの展示もあり，車輌と周辺の設備を合わせた情景は見どころ満載であった．

展示された作品のひとつ，美唄機関区のジオラマ（1:87・12mm），4110形が並び，石炭の香りが漂ってきそうな情景である

講師の松川さん（中央），アシスタントの坂田 真一さん（左）と野崎 芳彦さん（右）．北海道と東北の列車に使われたサボが雰囲気を盛り上げた

明治大正の蒸機列車

講師 髙木 宏之
【8月21日】第2限教室2

今回のコンベンションのテーマ"鉄道150年"にふわさしく，明治・大正時代の蒸気機関車牽引列車を題材としたクリニックが開催された．講師は蒸気機関車を研究し，多くの著作を発表されている髙木 宏之さん．ご自身がコレクションしている写真や絵葉書をモニターに投影し，機関車のみならず客貨車や周囲の風景も含め解説された．

蒸気機関車研究で著名な髙木さんが，わかりやすく解説した

モニターに投影された写真から．明治時代の"品川海岸"．車輌，線路，風景とも現在の品川からは想像できない

完成車輌プラスワン

講師 西橋 雅之
【8月21日】第3限教室1

講師の西橋 雅之さんは欧米の模型も手がけているが，本クリニックの題材は日本型．縮尺1:80・ゲージ・16.5mmの量産完成品に手を加えることで，より実感的な自分だけのモデルにする技法が披露された．

市販および自作の部品によるディテールアップ，細部への色差し，ウェザリングなどについての詳しい解説があり，展示された作品群も見どころの多い出来映えであった．

展示された作品群は，いずれも購入した状態の製品からひと味もふた味も違う，生き生きとした存在感を放っていた

サウンドとカプラー統一への試み

【講師】水沼 信之（司会）
【8月21日】第1限教室3

本クリニックでは水沼 信之さんが司会を務め，Models IMONとKATOの担当者もパネラーとして登場．

前半ではNゲージのカプラーに統一した規格を定め，メーカーが異なっても連結できるようにする可能性を探り，Models IMONからはIMONカプラーについて紹介された．後半はModels IMONのDCCサウンドとKATOのサウンドボックスの紹介が，実演を交えて行われた．

Models IMONによるDCCサウンドのデモンストレーション

KATOのサウンドボックスの実演も行われた

手前からKATOの関 昌弘さんと関 良太郎さん，司会の水沼さん，Models IMONの宮代 博之さん

煙情日記　世界の蒸気機関車

【講師】都築 雅人
【8月21日】第3限教室2

講師は国内外の蒸気機関車を精力的に訪ねている写真家の都築 雅人さん．特に海外は秘境といわれる所を含め各地へ渡航し，さまざまな貴重な機関車を撮影してきた．クリニックでは多くの作品から選りすぐりの題材をモニターに上映．周囲の人々や動物なども含めた情景がそれぞれ印象的で，渡航先でのエピソードも興味深かった．

世界中の蒸機を訪ねた際のエピソードを披露した都築さん

モニターに投影した作品から．ベトナムの製鉄工場専用線で21世紀初頭まで現役だった，元日本のC12形．戦時中に中国へ供給され，のちにベトナムへ移った機関車である

Nゲージアメリカ型フリーランスの魅力

【講師】遠西 幸男
【8月19日】第2限教室1

講師の遠西 幸男さんは，少年時代にビッグボーイの写真を見て以来，アメリカの大型蒸機に夢中になった．48年にわたりNゲージ一筋というモデラーで，自転車で世界を回った経歴もある．クリニックでは真鍮製の自作大型機の製作について，写真や図を用いて解説された．

モニターに資料を投影し，ご自身の経歴や作品を披露した遠西さん

"ペンシルベニア鉄道S-1形をもっとかっこよく"というイメージの"海賊S-1　6500号"．真鍮製の自作モデルである

鉄道信号の世界

【講師】森貞 晃
【8月19日】第3限教室1

講師は日本信号株式会社の技術者で，Nゲージを楽しんでいるモデラーでもある．クリニックでは鉄道の信号について，歴史，種類，機能などを豊富な資料を用いて解説された．知っているようで知らないことも多く，模型のレイアウトへの信号設置にも大いに参考になる内容であった．

主信号機と従属信号機

主信号機：一定の防護区域を持っている信号機で，場内信号機、出発信号機、閉そく信号機、誘導信号機、入換信号機の総称
JIS E 3013（鉄道信号保安用語）より

従属信号機：場内信号機、出発信号機又は，閉そく信号機に従属して、その外方で主体の信号機の信号現示を予告する信号機
JIS E 3013（鉄道信号保安用語）より

専門家ならではの，充実した資料を用いてクリニックが進められた

投影した資料から，"主信号機と従属信号機"

16番とNゲージ 線路の世界

【講師】戸枝 裕雄・鴨志田 敏行
【8月20日】第2限教室1

JAMコンベンションでおなじみの戸枝 裕雄さんと鴨志田 敏行さんによる，線路に関するクリニックが今回も開催された．16番とNゲージの線路の敷設，ポイントマシンやフィーダーの設置などのさまざまな技法が，写真や動画の投影，実演を交えて解説された．

左は戸枝さん，右が鴨志田さん．スムーズな走行を実現する，線路に関する技法が解説された

調整等の作業がモニターに拡大して映され，はっきりと見ることができた

世界のループ線

【講師】夏木 慎一
【8月20日】第2限教室3

テーマは山越えなどで"同じ列車が""立体交差して""直通する"ループ線．講師の夏木 慎一さんはインターネットを駆使してループ線を研究し，廃止済みを含め全世界に142のループがあることを突き止めている．その中から代表的なもの，特異なものが写真と図を用いて紹介された．

世界中の大小さまざまなループ線の画像をモニターに投影しながら，クリニックが進められた

ループ線の所在地をマークした世界地図．重なってわからない部分は，エリアごとの拡大図で解説

モジュールを チェックする

【講師】植松 一郎・上野 徹・小泉 輝明
【8月20日】第3限教室1

講師は規格を定めたNゲージのモジュール・レイアウトT-TRAKで活動している植松 一郎さん，上野 徹さん，小泉 輝明さん．複数の人が製作したモジュールを接続した運転においてトラブルを防ぐための，さまざまな留意点が実例とあわせて解説された．

T-TRAK シングル直線モジュール

T-TRAK直線モジュールの規格．これが基本要件で，さらなる留意点が本クリニックのテーマだった

左から小泉さん，植松さん，上野さん．3人ともモジュール歴20年以上である

電気機関車の運転

【講師】宇田 賢吉
【8月20日】第3限教室3

JAMコンベンションのステージイベント"乗務員が語る蒸機時代"でおなじみ，元国鉄乗務員の宇田 賢吉さんが電気機関車の運転をテーマにしたクリニックの講師を務めた．写真や性能曲線図などの資料を用いながら，聞き手の赤城 隼人さんと対談しながら経験談が披露され，EF15とD52，EF58とEF66の比較など興味深い内容が盛りだくさんであった．

宇田さんの胸に付けた薔薇は，ご自身が折り紙で作ったもの

聞き手の赤城 隼人さん（中央）と講師の宇田さん（右）との対談で，モニターの画像を見ながらクリニックが進められた

ライブスチーム

【講師】大石 和太郎
【8月21日】第2限教室3

講師の大石 和太郎さんは元国鉄乗務員で，のちに工業系の教職に就き，5インチのライブスチーム製作を授業に採り入れた．その経験に基づき，さまざまな理論や技術が解説され，実物との関連を含め奥の深い内容であった．また，ご自身が撮影した英国ロムニー鉄道の映像も投影された．

講師の大石さんは東海道新幹線の上りで初列車を運転したことも有名である

クリニックはテキストを配布のうえ，ホワイトボードを活用して進められた

ローコストで 車輌を点燈化

【講師】浦野 啓一
【8月21日】第3限教室3

近年の鉄道模型で普及と進化が著しい，LEDによるライトの点燈をテーマにしたクリニックで，浦野 啓一さんが講師を務めた．テキストとモニターを活用し，ヘッド・テールライトや室内燈の回路，電子部品の種類と入手方法，車輌への取り付けの技法などが詳しく解説された．

左が浦野さんで，右がアシスタントの管 晴彦さん

クリニックではテキストを配布し，モニターへの資料投影と実演を併せて進められた

モデラー出展 前編

TSUKURIBITO 戸羽あゆみさんの手による阪急神戸線王子公園駅モジュール（1:150 G=9.0）．詳細な実景取材を基にIllustrator＋レーザーカットでストラクチャーを自作

五吋小鉄道之会
（ごいんち）

Scale 5'
127mm

乗って運転して楽しむ5インチゲージ乗用鉄道のサークル．夏の炎天下に開催されるJAMでは火を焚いて屋外で走らせるライブスチームの出展は難しい．しかし，電動や展示であれば大形乗用模型の素晴らしさを伝えることができる．同好の士を増やしたいと三鉄道合同で参加した．小川精機などライブスチーム製品から始まり自作バッテリーロコへと手を拡げ，真鍮・プラ・ホームセンターで入手できる木材等でDIYを楽しみつつ各地で運転を楽しんでいる．

手前から福堀軽便鉄道の小川精機製フォルテ，小川精機製コッペルを組み立てた桜崎鉄道1形1号，福堀軽便鉄道D2（自作バッテリー機），西湘森林鉄道DB1（自作バッテリー機）というラインナップ

パンフレットを配布したり活動の様子をまとめたビデオを放映し，乗用の楽しさをアピールしていた

横須賀鉄道模型同好会

広大な16番組立式レイアウトを展開し、長編成列車を颯爽と走らせる老舗サークル。メンバーに工作派が多いのも特徴で、ペーパー自作や完成品加工など素材・工法を問わない名人揃いである。

コロナ禍中の2020年11月に創設40周年を迎え、予定していた記念展示を今回のJAMで2年越しに実現させた。テーマは40周年ということで"40"にちなむ車輌。メンバーの近作についても合わせて展示された。ベテラン揃いの名門ながら近年は若い会員の加入も続いているという。

1980年の設立から40周年を記念して競作されて"40"にちなむ作品群。解説カードも丁寧で一つ一つ見入っているギャラリーも多かった

近作群。ブラスやペーパーのフルスクラッチから、完成品の軽加工まで多様な流儀が一堂に集う

hitrack （八王子車両センター）

東京都日野市を拠点として活動しているサークル、hitrack。以前よりNゲージを中心に活動していたが、2018年より5インチ乗用模型のサークルとして出展。

前回2019年に製作中だったDF200形は北の大地を走るブルートレインへの想いから実物にない"夢の北斗星色"に仕上げた。車体はMDFボード・木・鉄で全自作。バッテリー駆動で運転台は次位の乗用トレーラーに設置。コンプレッサーにより実物の空気笛を鳴動させることもできる。

大きな機体でひときわ目を惹く5インチ乗用DF200形。MDF製の車体は入念な目止めを経て流麗なJR北海道"北斗星"色に塗り上げられた。実在しない架空塗色だが、ブルートレインへの強い憧れは来場者の共感を呼んでいた

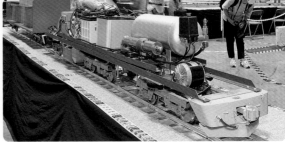

オズモ

Scale 1:150
9.0mm

代表作である東海道本線の早川—根府川間の玉川橋梁を再現したモジュール（1.8m×0.3m）を出展．現在，熱海駅ジオラマ（4.2m×0.5m）を製作中．完成したモジュールはすべて繋げて貸しレイアウトにすることを目指しているという．来場者の持ち込み車輌による体験運転が評判を呼び，予定していた時間枠は初日53%，2日目82%，最終日100%と日を追うごとに埋まる盛況だった．体験運転はSNSで知り合ったモデラー同士の交流の場ともなり，連日多彩なゲスト車輌が玉川橋梁を行き交っていた．

幼少から慣れ親しんだ東海道本線の風景を再現することにこだわっており，ロケハンをした2020年前後をモチーフとしている．ストラクチャーは自作を多用しており，レーザーカッターや3Dプリンターも駆使．思い出の風景を残していきたいという

八王子電鉄

Scale フリー

古賀 信弘さんによる個人出展で，カプセルプラレールをはじめとする鉄道玩具を素材に愛らしい作品づくりを愉しんでいる．今回は往年の東京都電の写真を見たのがきっかけで作った"とある都電の車庫"．彩色や細かい時代考証にはこだわらず，子供のおもちゃを素材に大人の遊び心を融合し，楽しめるものづくりを心掛けた．

カプセルプラレールの線路を使ったレイアウト．都電の車庫にはトラバーサーも再現されている．製品にはない車輌を自作しているのも見逃せない

4Aならぬ4D‼ FWH鉄道

Scale 1:160
9.0mm

西部劇のシーンを彷彿とさせるアメリカ形を主役とするフリーランスのNゲージレイアウト．実物で長さ1マイルを超す長大貨物列車，ワンマイルトレインがゆっくりと駆け抜ける情景は大陸の雄大さを見事に体現している．レイアウトは少しずつ作り込みが進み，今回はアリゾナ州モニュメントバレーの岩山"ビュート"にオアシスのような庭園鉄道を埋め込んだモジュールが新作として登場した．

目を引く車輌は真鍮スクラッチのガーラット式蒸機．ゴムタイヤなしで長大編成を何輌牽けるかを追求している．

牽引している機関車は，機芸出版社"TMSコンペ2020"で特別賞を受賞したウルトラガーラット．Nゲージにおいて蒸機単一車体世界最強を目指して製作し，20輪駆動．今回の出展スペースでは176輌でエンドレスが埋まってしまい，それ以上牽引できなかったが，空転も発生せず平坦なら十分に200輌牽引可能なモンスターロコだ．後ろに従える水槽車にはウクライナ国旗カラーをあしらっていた

鉄ちゃん倶楽部

Scale 1:150
9.0mm

上越線を題材とした濃密な情景作品で来場者を魅了してきた鉄ちゃん倶楽部．

新作は湯檜曽駅・新清水トンネル坑口のモジュール．上りホームは地上，下りホームは新清水トンネルに入ってすぐの隧道内にあり，変化に富んだ情景を詳細な観察をもとに製作した．ラフティング目線での清涼感を作り込んだ湯檜曽川の渓流，山の木々のボリューム……緑淡い5月の新緑のシーズンを再現している．

下りトンネル坑口手前の中継信号器が実物通り列車の通過に合わせて点燈変化する．駅舎は1967年の新清水トンネル開通時に移転してきたロッジ風の先代．実物は2009年に老朽解体されたがひときわ思い出深く，このモジュールの主役に据えた．駅舎正面の"ゆびそ"切り文字がアイキャッチ

North American Model Railroad Club
(NAMRAC)

Scale 1:87
16.5mm

北米大陸鉄道を"雰囲気まで再現したい"と活動するアメリカ形HOモデラーのサークル，NAMRAC．現代のディーゼル機関車をメインに，蒸気機関車・インターアーバン・ナローゲージと歴史を超えて幅広く楽しむ．情報過多になりがちな日本形よりも自分で調べ，自分で見つけるアメリカ形ならではの愉しみをアピールしており，鉄道にとどまらずクルマ・飛行機・ソウルフード等々，文化も丸ごと堪能している．

最近会員の協力のもとTwitterでの"リクルート活動"を開始，クラブ員の年齢層がワイドになったという．

"年1作活動"として年1回のクラブ内競作を実施．仲間から新鮮な刺激をもらえるというクラブ活動の利点を最大限に活かして活動している．"毎年一台作ろう！""手を動かそう！"が合言葉

13ミリゲージャーの集い

Scale 1:80
13.0mm

13ミリゲージ同好会，湘南鉄道模型クラブの2団体に個人モデラーも加わった1:80/13mm愛好者18人の集まり．ひときわ高い完成度を誇る大形組立式レイアウトと狭軌のプロポーションにこだわった車輌作品の数々が抜群の存在感を放つ．実物の軌間1,067mmが生むスケール感にこだわってきただけにメンバーは模型誌上で活躍してきた名人揃い．誌面で憧れた作品を直接見るチャンスが多いのもJAMの大きな魅力だ．

今回の出展では特にテーマは設定されなかったが，13mmゲージの得意分野はもちろん国鉄/JR在来線の長距離列車．メンバーが自然に車輌を持ち寄るだけで，鉄道150周年のテーマに沿った見事な歴史絵巻が展開された

凌宮鉄道 （しのみや）

Scale 1:150
9mm

電流波形をきめ細かく制御して車輌の駆動モーターを振動させ，ディーゼルカーのエンジン音を再現するユニークなサウンドシステムを製作．Nゲージでシーメンスのドレミファインバーターの音階をArduinoのPWM制御で再現しようと試みる過程で生まれたアイデアで，2017年のJAMに気動車サウンドを出展したところ反響が良く改良を重ねてきた．

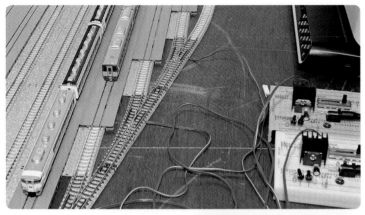

車輌にスピーカーを搭載するなどの加工は一切不要で，必要なのはシンプルな自作マイコンArduinoで製作したコントローラーのみ．フライホイール付き動力でなければ無加工でエンジンサウンドを楽しむことができる

東海道線150周年 （神奈川運転倶楽部）

Scale 1:150
9mm

今回コンベンションのテーマが鉄道150周年だったことから，地元東海道線の車輌やジオラマを展示．メンバーの年齢層が3歳〜60歳と幅広く，リアルな作品から子供も楽しめるジオラマまでバラエティに富んでおり，空港，東京駅，高速道路などの作品を出展した．出展寸法10m×1.5m.

駅モジュールは実在の施設をイメージしたものではないものの，2面4線の退避駅とし，奥側を掘割にして地形に立体感をもたせリアリティのある情景を作り出している

芝浦工業大学附属中学高等学校 鉄道研究部

Scale 1:80
16.5mm

中学・高校合わせて40人を超える部員が在籍し，全国鉄道模型高等学校コンテストでは全部門入賞を達成した鉄道趣味の名門校．今回のJAMではジオラマ班が鉄道150年にちなみ東海道線をイメージした16番レイアウトを出展した．メンバーの力を結集し10か月の短期間で2,700×3,900mmの大形レイアウトを完成させている．

ビルが建ち並ぶ都心を出発．ストラクチャーは全て自作で，セクションごとにテーマを設定し鉄道施設の役割が学べる構成とした

山と海，自然の地形に沿って走る鉄道の情景を再現

貨物駅と車輌基地．貨物駅にはお手製のコンテナが

チームおやびん

今年卒寿の加藤 勝司おやびんを慕って幅広い年齢層の工作派モデラーが集うチームおやびん．今回のお題は"東急3000系を作ろう！"．

オールドファンには言わずと知れた東急電鉄の礎を築いた車輌群で，長く複雑な歴史をもち，東急での旅客営業を退いて30年以上経た今も根強く愛される名優だ．しかし，意外なことに模型製品にはあまり恵まれていない．地方への譲渡車も含めバリエーションは実に多彩で，工作派には腕のふるい甲斐のある競作テーマである．3年ぶりのコンベンションに熱いクラフツマンシップが還ってきた．

この企画の主役は東急沿線で生まれ育った井門 義博さん．『とれいん』誌の人気連載，"紙成模型塾"で自ら設計したペーパー型紙を発表し，ご自身は12mmゲージで設計したデハ3500形を製作．クリニックでも製作のポイントを解説した

チームおやびんのお題となれば，製品に恵まれなかった東急3000が勢揃いする．製造時期やその後の転用・更新改造などにより無数のバリエーションがあり，メンバーそれぞれの思いを込めて製作した．名鉄3880系も譲渡前は東急3700系でこの一党だ

電気検測車デヤ3000，こどもの国線塗装，単色塗りや二色塗り．東急委員会が発売したレーザーカット型紙や『とれいん』付録の紙成模型塾の型紙を利用した作品が勢揃い

2021年7月に早逝した梅原 顕彦さんの追悼コーナーが設けられ，模型誌を彩った新幹線や私鉄電車が展示された．16輌編成の新幹線もペーパー自作を厭わず，複雑な前頭形状も見事に再現する造形力は工作派の憧れだった

TSUKURIBITO

初出展は第19回．SNSによる鉄道模型製作派たちの集まり"TSUKURIBITO"による出展．情景や車輌など各分野を極めたモデラーたちが集まり，作品のジャンルも様々で，見応えのあるブースとなっていた．なかでも多くのスペースを取って展示された阪急電鉄王子公園駅の作品は，実物を1:150スケールに忠実に落とし込んだ情景が見事で，来場者からの注目を集めていた．

48ページでも紹介した戸羽あゆみさんの阪急神戸線王子公園駅モジュール．優美なアーチを描く1936年竣工の灘駅前拱橋を中心に，自作ペーパーの技法を駆使して圧倒的な密度で街並みを再現している

濱﨑 徹也さん製作の西鉄旧形車各種．手前は西鉄市内線の貨物列車で，機関車はプラによるフルスクラッチだ

飯島 雅宏さんは登場まもない九州向けEF510形300番台をKATO製ベースで早くも製作

2022年1月に亡くなった鉄道模型作家・斉藤 逸朗さんを偲ぶコーナーが設置され，作品やメッセージパネル，思い出を書き記すノートが設置されていた

相模原鉄道模型クラブ

神奈川県相模原市で2018年に発足したNゲージサークル．独自規格の複線モジュールを持ち寄り，会場に合わせてさまざまに組み合わせて運転会を開催している．個性豊かな分割式レイアウトは25台に及び，今回もJAMの出展寸法5×3mに合わせ最適な配置を決定した．

モジュールの時代・仕様は各自の考えに委ねられ，それぞれに製作者の思いの詰まった情景が並び，走る車輌も多様である．

扇形庫を中心とした蒸気機関庫のモジュール．大形給炭槽や給水塔まで活きた庫の施設配置を立体的に作り込んでいる

走らせるだけでなく"ジオラマ製作会"を部内に立ち上げ，会員同士の交流を図りながら新しいモジュールを次々に生み出している．みんなが作ればレイアウトは急速に充実し，テクニックも上達する．モジュールレイアウトならではの楽しみ方だ

ゲキダンサンポール

Scale 1:150
9.0mm

ネット掲示板での交流から生まれた模型サークルで濃密なNゲージモジュールを生み出し続ける情景師集団"激団サンポール"が、今回は"ゲキダンサンポール"として出展。実景をそのまま縮小したかのようなリアル感のあるモジュールや、設定を盛り込んだ架空鉄道の情景など、各作者が思い思いに製作したハイクオリティな作品たちが所狭しと展示され、模型誌で取り上げられた作品なども数多く見ることができた。

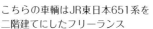

大久保 友則さんの新作"春近し雪残る鉄路"。東北本線と仙石線が交差する地点を基にアレンジしており、立体感や木々の粗密に情景師ならではのセンスが光る。あまり見かけない"残雪"がテーマになっているのも特徴で、雪解けのどこか暖かさを感じさせる表現が印象的である

こちらの車輌はJR東日本651系を二階建てにしたフリーランス

東急下神明駅を再現した"下神明トリプルクロス"は畑 照明さんが製作中のモジュールで。毎回改良され完成に近づいた。品川区の人口密集地帯にあって東海道新幹線・品鶴線と複雑に直交する大井町線の見せ場で、耐震補強前の情景を家一軒ずつ入念な作り込みで仕上げている

kaodenさんが展開する架空鉄道"香生洲電鉄"の新作"香生洲温泉駅"。山岳地にある小さな温泉街に併用軌道……　作者が欲しい要素をぎっしりと詰め込んで冬の風合いにまとめ上げた。車輌も17m車以下の自由形を創作して独自の世界観を醸成

『RM MODELS』で連載された佐々木 龍さんの"茜浜鉄道"。牡蠣の養殖が盛んな瀬戸内の漁村をモチーフとする架空鉄道で、時代設定は1990年代。海上に浮かぶ作業筏など建物はフルスクラッチで、線路には自動運転機能が組み込まれている

かわてつソリューションサービス

旧"川瀬鉄道"が2018年より"かわてつソリューションサービス"として再登場し、今回が三回目の出展。JAMや"池袋鉄道模型芸術祭"といったイベント出展に加え、他クラブとのコラボレーション、写真展など幅広い活動を行っているサークルだ。700×200mmの細長いスペースでの自動運転と、新作展示を行った。

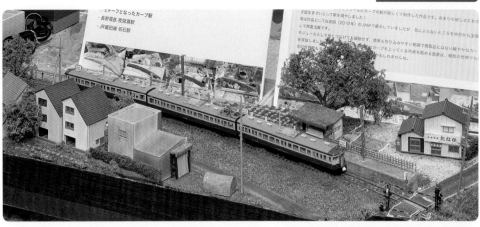

曲線上にホームのあるモジュール"川久保駅"を製作。既製品に頼ることなく途中からホームや柵の構造を変えたり細かな考証で作り込んでいる。長野電鉄 夜間瀬駅やJR飯田線 切石駅を参考にした

2020年東京オリンピックを盛り上げた車輌たち。JAM会場である東京ビッグサイトはオリンピックでプレスセンターとして使用された場所。つながりを祝って、りんかい線70-000形と都営バスのラッピング車を製作した

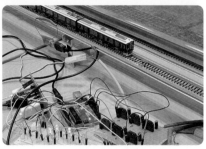

効果的な演出運転ができるよう自作した自動運転システム。車輌側は無加工で、動力車から発せられる磁気を線路際に設置したリードスイッチ等で検出・制御している

HNモジュール東京クラブ

16番で情景の付いたモジュールレイアウトを楽しむサークル。HNモジュールという独自規格のモジュールを連結し、短編成の16番車輌を走らせて楽しむ。そのため私鉄車輌が似合う風景が多いのが特徴である。

小島 孝さん製作の橋梁モジュール。前回出展した際の作品2つを1つに再構成したものだ。立派なトラス橋はフルスクラッチによるもので、奥の線路が剥がされた橋梁は廃線跡という設定

堀田 陽一郎さん製作の"路面電車と地下鉄の街"。プラレールの情景部品を使ったがうまく馴染んでいる。地上には路面電車の併用軌道も見える

高田 宜裕さん製作の田舎電車。京王デハ2150形と営団1700形のキットから製作した新旧混結のフリーランスだ

こちらも高田 宜裕さん作。田舎の終着駅。富山地方鉄道の宇奈月温泉駅を参考にアレンジ。HNモジュールは単線が主体で頭端駅も多いため、高田さん製作の自動運転システムを導入している

木こり鉄道 やまなみライン

Scale 1:150・1:160
9.0mm

濱嶋 章さん・規子さん夫妻による外国の高原風景をモチーフに製作した分割式情景レイアウト．ループ線をもつ高原線のほか，登山線・鉱石線・山岳線の計4線を巧妙に配しており，自動運転も可能である．

碧い海と白い鉄橋のトロピカルなタッチが印象的だった前作"しまなみライン"の続編で，2015年に構想を練り始め2020年から1年半強で完成せた．全方向からの鑑賞に耐えられる濃密な作り込みは，章さんが国内外で実際に目にした美しい景観をいかに凝縮し再現するか，長い思索と経験の賜物である．普段は自宅に常設しているホームレイアウトだが，イベントに出展するために分割や運搬が十二分に考慮されている．

そびえ立つ岩山の高さをフルに活かして幾重にもループ線とトンネルを配し，流れ落ちる滝の上を鉄橋で越えてゆく．細部まで隙なく作り込まれた"映える"情景は，見る角度を変えるたびさまざまな表情を見せてくれる

"高原線"と名付けられたメインラインを見る．レイアウトは全体が4分割構成で基本サイズは3,300×1,400mm．立体的な地形に緩急を巧みにつけた配線が溶け込んでおり，卓越した工作力と相まって爽やかな高原の空気感を醸し出している

くり抜かれた山の中を覗き込むと秘密基地のような"鉱山線"が．岩山のボリュームが大きい登山鉄道ならではの遊び心あふれる演出だが，Nゲージサイズの山の内部に天井面まで再現した岩盤を作り込むのは大変な労力を要したという．しかし，手間をかけただけあって反響は上々．ギャラリーが次々に訪れては歓声を上げていた

自宅から搬出しやすいようレイアウトの全高はベースから500mmに収めているが，緻密な計算により実寸以上に起伏に富んでいるように感じられる．グリーンの清涼感が印象的な川面は，着色したベース板の上に4mmの水深となるようアクリル板を離して被せることで奥行きのある質感を表現

多摩あかつき鉄道

身近な模型仲間たちの集いから発展して結成された多摩あかつき鉄道．和やかな雰囲気が印象的な鉄道模型サークルだ．同クラブの目玉である情景付き複線モジュールレイアウトのほか，メンバー各自のテーマに沿ったモデルの展示も行われていた．

日本海の並木沿いの浜辺のレイアウト．鉄道150年を祝し485系特急と1号機関車の牽く開通時の客車列車をディスプレイした

RFC
(Railway Fan Club)

実物通りのダイヤ運転に特化し，会場でも来場者体験形のユニークなコンテンツを展開するRFC．前回2019年に続き，16番で山手線をテーマに体験展示運転を実施した．車輛に搭載したオリジナルデコーダとバッテリーで線路給電によらないシステムを構築．操作は来場者のスマホを利用する形をとり，ユーザインターフェースもできるだけ平易なものに．実物さながらの高度な体験に高い関心が寄せられていた．

駅ではドア開閉スイッチや発車ベル，時計と各種表示によるイベントの発生とまるで鉄道員になった感覚で模型を運転．上級者向けには2020年に山手線で実施した渋谷駅工事に伴う折り返し運転を再現したプログラムも

ギミック2022

毎年，趣向を凝らしたギミックが満載の楽しい模型作品で来場者を楽しませているブースが今回も"ギミック2022"として登場．今回は，"模型の世界でもコロナ対策"をテーマにした宮﨑 正雄さんの作品をはじめ，数多くのギミックを組み込んだ作品たちがブース内を彩った．作者自らによる実演もあり，終始楽しい雰囲気に包まれていた．

スイッチを押すと人形が動き出し，蒸気機関車の煙室扉が開閉したり，回転式火の粉止めが回ったり……　16番蒸機に驚異の可動ギミックを組み込んだ宮﨑 正雄さんの作品〔1:80〕

杉浦 裕治さんはドイツのBRAWA社が発売しているHOスケールのケーブルカーをベースに，自宅のレイアウトに組み込めるよう取り外し式の土台を製作して出展〔1:87〕

品原 一ウさん作のZショーティレイアウト．普段は実車の撮影を楽しむ品原さんが，コロナ禍で外出ができなくなった際，空いた時間で製作したもので，よく訪れるという小湊鐵道やいすみ鉄道の雰囲気を感じさせる〔1:220〕

インターアーバン・ワールド

Scale 1:48・1:87
32.0・16.5mm

1900年代前半にアメリカで隆盛を極めたインター・アーバン（都市間電気鉄道）. 実物は車社会に飲み込まれ半世紀ほどでほとんど淘汰されてしまったが, 日本の電車黎明期の技術的ルーツであることから特別な憧れを抱くファンが多い. 通常年に一度関西で愛好者が集まる"P.E.ミーティング"を開催. JAMではその一端を披露した.

亀谷 秀樹さんが所蔵するOゲージ車輛たち. これらは現地の有名モデラーが製作した作品で, ウィリアム・ホフマンさん, エド・ハルステッドさん, ロバート・ロビンスさんら錚々たる名人の手によるもの. 本場ならではの技巧と考証によりインテリアまでリアルに作り込まれ, インターアーバン全盛期の栄華を今に伝えている

ジュニア山地さんのHOモジュール "Dover Heights 1920s". アメリカ北東部にある想定の小駅を製作した. 狭い車道を堅牢な鉄骨組の単線が跨ぎ越す混沌とした駅前. 車輛は貫名 英一さんの所蔵

佐藤 樹彦さん製作のHOモジュール. 1930年代のアメリカ西海岸にある田舎町をイメージした作品で, 全盛期を過ぎ寂れつつある郷愁を再現している

うみ電☆やま電

Scale 1:150
9.0mm

江ノ電と箱根登山鉄道. 海と山が好対照な神奈川の二つの小私鉄をテーマに活動している"うみ電☆やま電". 近年では箱根登山鉄道に力を入れており, まるで箱根の山がそこにあるような情感豊かなモジュールは, テーマを特化した作品ならではのオーラを放つ. 模型だけでなく各種グッズや実物部品もディスプレイされ, 箱根登山愛いっぱいの賑やかなブースとなっていた.

新作"上大平台信号場"モジュール. 交換とスイッチバックを行う頭端式の信号場で, この完成により実物同様の配線が組めるようになったという. ストラクチャー類は極力自作し, ポイント分岐器をスローアクションとしているのが作者である加藤 了さんのこだわり. 押し迫る木々の量感, 上品なウェザリングなどクオリティの高さが際立つ

自由環状線・まぼろしライン

16番の展示運転では女性メンバーのプロデュースによりフラワーアレンジやガーデニングのエッセンスを採り入れた装飾が施され，華やいだ雰囲気を醸し出していた自由環状線・まぼろしライン．

メンバーの嗜好はバラエティーに富んでおり，Nゲージの作品展示はストイックに作り込んだ蒸気機関車の機関区からアニメ関連の架空車輌まで，思い思いのスタイルを持ち寄っている．

鉄道ファンだけでなく幅広いギャラリーに楽しんでほしいと，立川 理恵さんが16番線路の周囲を花や小物でコーディネイト．殺風景になりがちなお座敷運転もこんなムードで，という提案だ

Nゲージでは西村 潤一郎さんによる，往年の機関区モジュール．特定の庫ではなく自分の好みを組み合わせた．転車台・扇形庫はKATO製でDCC化．その他の施設はアドバンス製を中心に使用している．寸法600×900mmで，照明や車輌サウンドも充実している

東京国際鉄道クラブ・東急新多摩線 京急デハ601保存会

部屋一面の自宅レイアウトを持ち，イベント出展にも積極的な東京国際鉄道クラブ，DCC固定レイアウトを製作する加東さん，そして実物の保存活動を通じ地元逗子にちなんだNゲージモジュールを楽しんでいる京急デハ601保存会による合同ブースである．

京急デハ601保存会の京急逗子線神武寺駅モジュール．木造駅舎だった1980年代の情景を再現している．この駅は東急車輌（現総合車両製作所）で製造された新車をJR逗子駅に送りこむための専用線が併設され，甲種輸送の拠点として有名なスポット．コンパクトにまとめ，専用線には東急車輌の入換車で挟んだ甲種輸送列車を据え付けている

"東急5050系が似合うレイアウトを作りたい"と加東 富美男さんが1,400×800mmの省スペースで製作した東急新多摩線．複線エンドレスとヤード2線で完結するシンプルな配線ながら築堤やトンネルが貫く台地の高さを十分に取り，通勤新線らしい立体感を与えている．駅や建物には照明を入れ，線路はDCCとアナログ切替回路付き．手前の紺色のテーブルは運搬時にレイアウトの上に被せる専用の大形カバーを兼ねている

東京運転クラブ

Scale 1:80
16.5mm

圧巻の情景付き大形組立式レイアウトでひときわ高い注目度を集める16番のサークル. レールは外周にエンドウ製, 内周にカトー製を用い, 16番の組立式レイアウトではなかなかハードルの高い情景を多く作り込んでいる. これはただ実感的であるだけでなく, 建物があることで列車のスピード感を演出できる効果を狙っており, 今後もさらに充実させていきたいという.

駅前通りまで作り込んだ東海道本線 湯河原駅モジュール. 木造駅舎や有蓋貨車の積み降ろし専用ホームを擁していた国鉄中期の情景を再現しており, 店舗の一軒一軒や自動車の時代設定も高度成長期の情景に馴染むよう吟味されている

アナログ環境でも走行音を楽しめるKATOのサウンドボックス車載スピーカーを16番真鍮モデルに組み込んだ作例. Bluetooth通信により, エンドウE259系に搭載したスピーカーから警笛やモーター音を出すことができる

日本大学豊山高等学校 鉄道部

Scale 1:150
9.0mm

JR東日本中央線沿線を題材としたNゲージモジュール作品を毎年発表している日本大学豊山高等学校鉄道部. これまでも高尾駅の製作中の姿や, 新桂川橋梁・御茶ノ水駅などJAMで数々のモジュールを発表してきた常連校だが, 今回2022年は東京駅赤煉瓦駅舎をモチーフとした高崎線の深谷駅を製作. 煉瓦の再現が難しかったという.

中央線を連作してきたが, 今年は高崎線の深谷駅にチャレンジ. 1996年の橋上駅舎リニューアルに際し, 大正時代に建てられた東京駅丸の内駅舎に深谷産の赤煉瓦が使われた縁からこのような外観になったもので, "ミニ東京駅"とも称される地域のランドマークだ

こちらは近作の中央本線新桂川橋梁. 鳥沢—猿橋間に架かる連続上路ワーレントラス＋合成桁の長大鉄橋で, 実物の全長は513m. 中央線きっての撮影名所をNゲージならではのスケール感でまとめ上げた力作だ

J-TRAK Society

Scale 1:150
9.0mm

Nゲージの国際規格である3線式NTRAKに準拠したJANTRAKの集合式モジュールレイアウトを持ち寄って活動するJ-TRAK Society. 集合式モジュールレイアウトは8.1×5.4mと大規模で, メンバーが思い思いの個性を発揮した力作が連なるさまは圧巻だ. クラブ名は当初のJMLCから変わったが, JAMの初回から参加している唯一のモデラークラブではないかという.

ユニークなところでは参加のハードルを下げるためモジュール上のスペースをA4サイズ単位で差替可能とし"分譲"する(モジュール全体を作り起こさなくても製作に参加できる)という試みも行われている.

1.8mの長さいっぱいに賑わいを詰め込んだ植竹 保之さん作の"城址を仰ぐ駅ー旅立ちの時ー"と, 一旦完成させてもまた改造を続ける天然記念物さんの直線モジュール. 今回は30m近いエンドレスにDCCを使用して同時に何編成もの列車がスケール速度で走行する実感的な運転にチャレンジ. 新しい挑戦も積極的に行っている

一貫した規格だからこそ繋げて仲間と思う存分運転を楽しめる

卓上電鉄　三人三様のモデラーによる共同出展

Scale 1:32・1:80
32mm・16.5mm

組立式線路を用いた16番レイアウト"組立線"をメインとしつつ, 1番ゲージサイズのペーパーモデルあり, 急勾配をよじ登る登山鉄道ありと, 好きなジャンルも技法も異なるモデラーが集まって思い思いの作品を発表する卓上電鉄. 自由な気風にひかれて若手モデラーも相次いで加わっている.

ペーパーで1番ゲージサイズの蒸機をフルスクラッチするモデラーとして注目を集める高橋 亮介さんの新作"鉄道150周年記念 鉄道黎明期の機関車と客車". ペーパーと発泡樹脂によるハイブリッド構成で, 身近で安価な素材で作ったとは思えない質感が秀逸である. 動力はタミヤから発売されているモーター付きギヤボックスに単三乾電池の組み合わせ. スマートフォンアプリで速度制御するIoT製品"MaBeee"を搭載することで加減速も自在に行える. おもちゃの流行を採り入れた柔軟なアイデアが楽しい

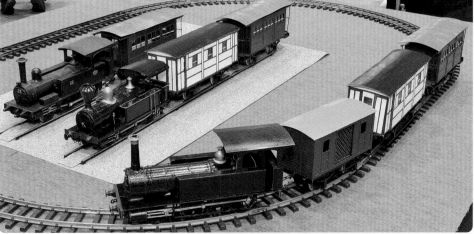

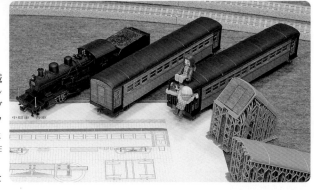

伊藤 澄也さんは, 人気アニメ"鬼滅の刃 無限列車"の客車を, 3Dプリンター自作パーツとバルサ材のハイブリッド構造により16番スケールでフルスクラッチ. もともと内装やウェザリング, 人形塗装, ジオラマ製作まで幅広く手掛けるモデラーだが, 独学で3Dを習得して新境地を拓いた

上州モントレーライン

Scale 1:150
9.0mm

地形変化に富んだ上越線はNゲージレイアウトの人気題材で，こちらも新作として湯檜曽駅を再現したモジュールがお目見えした．

寸法は運搬も考え1.2×0.3mとコンパクトにまとめ，下り線はトンネル内，上り線は地上にあるという構造を山の裏側に穴を開け，くり抜いて両サイドから地下駅を魅せるという構造を考案．LEDでライトアップするアトラクションを組み込んだ．

全体にデフォルメを効かせ，可搬性や工期短縮を意識した仕様としている．地上ホームと駅舎については過去に製作した岩本駅モジュールをベースにアレンジ

関西学院大学 鉄道研究会 模型班 OB

かんせい

Scale 1:80
16.5mm

昭和30年代以前の国鉄蒸機全盛時代にテーマを絞った16番組立レイアウト＆車輌を出展．ターンテーブルで機関車の向きを替え，機回しを行う入換運転は蒸機列車のならではの醍醐味である．そのため扇形庫を中心とした大形組立式レイアウトを擁している．

以前から長編成列車に対応した大スペースでの展示だったが，2018年より規模を拡大．長年続く学友の絆で往年の蒸機の生態を語り継ぐ，出展者の中でもいぶし銀の存在である．

ターンテーブルは英国Hornby製でカトーユニトラックと接続できるよう改造したもの．位置合わせのしやすさを狙って庫内線への給電はロータリースイッチに改め，回転方向もダイオードで一方向に変更している

結伝杜
ゆい でん しゃ

日本形から外国形まで幅広いジャンルを愛好し、まだ製品化されていない最新車輌をいち早くモデル化することにも積極的な結伝杜.早くからモジュールレイアウトとDCCを融合させ、高度な多列車運転を楽しんでおり、非接触IDタグを用いた列車識別など斬新な機材を次々に開発してデジタル制御の可能性を追求し続けている.

車輌工作・レイアウト製作・電子工作と3つの要素すべてが最先端を行くサークルで、その技術力を生かした数々の演出はモデラーの間でも常に注目の的だ.

橋本 孔明さん作,フランス国鉄がスペインの高速新線ネットワーク上で運行している格安列車.元TGV Duplexの編成を転用・改造したもので,フランス国内で運行している"OUIGO"と同じデザインの色違い塗装となっている.KATO製TGV Duplexの塗り替え

山口 進一さんのレーティッシュ鉄道風モジュール.レーティッシュ鉄道を模した単体のループに加え、他モジュールと接続して展示路線を構成する標準軌用の本線も組み込まれている.電気系は分離させており、レーティッシュ側の自動往復運転なども可能

HOJC 新関西鐵道

1:87のHOスケール日本形を走らせて楽しむ愛好家の集まりHOJC.ファインスケールへの拘りが特に強いジャンルだけに会員は西日本14名,東日本26名と広域にわたり、1998年のクラブ発足以来積極的に運転会を開催してきた.コロナ禍によりインターネット上でのミーティングも盛んとなり、毎週濃密な情報交換が行われている.制御面でもDCCを愛好している会員が多く,クラブレイアウトもそれに対応したものを保有.今回の出展でも来場者がDCCサウンドを楽しめる体験運転を行い,好評を博していた.

今回JAMのテーマ"鉄道150年"に呼応し、高輪ゲートウェイ駅前から出土した明治5年開通当初の高輪築堤モジュールを製作した.発掘された実物を基に表面仕上げや内部の土盛りの構造まで日本古来の築造方法を解説.当時の海岸に沿って走る文明開化の陸蒸気の歴史的シーンを再現した

16.5mm・12mm・10.5mm・9mm・6.5mmと多様な線路幅を有する16番・HOの日本形.小スペースで複数ゲージが楽しめる急曲線のエンドレスも設置.もちろん一番内側は6.5mmゲージで曲線半径R170.車輌の曲線通過性能をテストするのにも打ってつけだという

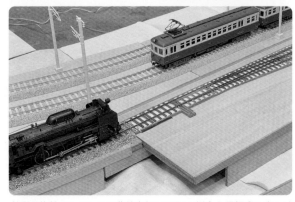

外周の複線エンドレスは曲線半径1,000mm以上と長編成もゆとりある走行が可能で,1996年にはほぼ完成していたという年季もの

エム ハチ
M8

諸星 昭弘さんのカルチャースクールの受講
生によって2013年に結成されたM8．JAM出
展は8回目．作品はいずれも実物にとらわ
れない自由な発想によって作られており，
オリジナリティ，空気感，そしてお洒落で
あることが"諸星流"．スケールは様々だが，
ゲージはいずれも9mmで統一されている．
新メンバーの加入も続いているという．

Scale フリー
9.0mm

ハムスターケージ遊園地 ●河村 まゆみさん
鳥籠の中にキリン展望台，空中鉄道など

ぐるぐる鉱山鉄道
●持永 圭一郎さん
何層も折り重なる
坑道をぐるぐる昇
降する鉱山列車

土佐電鉄風レイアウト ●中込 浩二さん
はりまや橋及び移転前の高知駅前電停をイメージ

岡電東山周回軌道 ●中込 浩二さん
岡山電気軌道東山車庫周辺をイメージ

弾丸貨物列車 ●石川 宜明さん
超高速で工場内を疾走する貨物列車を表現した

This Is NAGASAKI ●永田 潤さん
中華街のランタン祭をメインに長崎の街並みを表現

ジオラマサーカス ●M8有志メンバー
有志メンバーが制作したKATOのミニジオラマ

積木列車 ●枚田 英之さん
のどかな風景を丸く切りとって手のひらサイズに

岬巡り ●風間 隆志さん
3年ぶりのJAMだ 海だ！岬を巡ろう！と製作

空の上から ●藤井 祥子さん（故人）
昨年旅立たれた藤井さんの遺作を追悼展示

半世紀前の本から甦った魔法の家
●橋本 朗さん　逆回りする時計，箒
に乗った兎の魔女と木菟が走り回る

緑の森と青い鉄橋 ●鈴木 明博さん
森と渓流，鉄橋，列車を遠くから空
撮したような風景を壁掛けに

箱根登山鉄道 ●五百木 康晶さん
箱根登山鉄道の春，夏，秋を往復
装置付きで製作

Praha Tramvaje ●久原 聡さん
美しいプラハの街並みと路面電車
のジオラマ

追兎電鉄株式会社
（おうと）

今回のコンベンション出展を目標に，およそ1年がかりでパソコン制御で完全自動ダイヤ運転ができるDCCレイアウトを製作した追兎電鉄．複々線上に設けられた"美久宮駅"と"追兎天神駅"の間を予めプログラムしたダイヤ通りに自動運転するというDCCの可能性をフルに追求した大作で，複々線を往来する列車はいずれも運転士が操縦しているような滑らかさで加減速し，制限速度や停止位置をぴったり守って停車．実物さながらの高度な動きで観客を魅了した．3年計画で製作を進める1年目で，次回コンベンションに向けては信号とシーナリーの作り込みを進めていきたいという．

全体で144もの給電区間に細分化し，10輌編成の列車がどのようなダイヤで転線しても加減速や制限速度，分岐器，停止位置までスムーズで正確な制御を実現している．自動運転はRailroad & coのソフトウェアTrain Controllerを使用

"わたくし流手づくり"
ぷちテック & VISTA工房 & 藤田ラボ

山岸 隆さん・若原 暁さん・エフケイラボさんによる合同ブース．長編成をものともしないペーパーフルスクラッチの車輌作品をコンスタントに生み出す一方で，プラレールを素材にドア開閉やサウンドといったアトラクティブな電子工作を仕込んで自由な大人の遊びを満喫している．

ペーパーフルスクラッチを得意とするエフケイラボさんの近作，西武101系と京急1000形．窓抜きはカッターと丸ノミ，屋根・おでこはバルサ材の切削，床板は金属製．徹底的な慣らし運転を行い走りの良さを追求しており，3日間のコンベンションでも安定した走りを見せていた

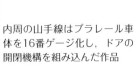

手前の国鉄80系は卓上電鉄のKさんが企画中のペーパーキットを組んでみたもの．真鍮キットでは深絞りプレスで作られることの多い前面を展開図から組み上げる構成だが，的確な設計とエフケイさんのテクニックにより実感的な仕上がりを得ている

内周の山手線はプラレール車体を16番ゲージ化し，ドアの開閉機構を組み込んだ作品

奥利根鉄道倶楽部

Scale 1:150
9.0mm

高校時代の同窓同士で結成したサークルで，上信越のモジュール製作をライフワークとしている．新幹線が開通するまで特急列車が行き交う大動脈だったこのエリアの在来線は，魅力的な自然景観の宝庫．情熱を注いで作り上げた最高の舞台を上越線の列車たちが駆け抜けてゆく．

上越線 上牧―水上間，利根川沿いの諏訪峡を再現したモジュールは出展1年目から展示している作品で，経年を機に大幅なリニューアルを施した．奥行を増して情景を拡張したほか，オランダフラワーを使用した木々，クリスタルレジンNEOを用いた水表現など質感面でも進化させている

こちらは来年完成に向けて製作を進めている車輌基地へのアプローチとなるオーバークロスセクション．本線を平面交差することなく入出庫できるよう緩やかな乗り越し配線としており，配線・シーナリーともゆったり実感的な造りで仕上げている

YSJ（やすきち・杉戸機関区・純鉄ライン）

Scale 1:150
9.0mmほか

Youtubeで活動している3人のモデラーによる共同出展．以前に別ブースで参加経験のある純鉄ラインさん以外は初のJAM参加となったが，既に動画やライブ配信で多くのフォロワーを獲得しているメンバーだけにレベルは高く，全員がシーナリー付のレイアウトを持ち込み，来場者の注目を集めていた．来場者の車輌持ち込みも受け付けるなど，視聴者とオフラインでの交流を図る貴重な機会ともなっていた．

杉戸機関区さんのモジュール．電化本線を非電化単線がデッキガーター橋でオーバークロスする地点を再現したもので，ローカル線には北海道の板張りホームをイメージした駅が見える

杉戸機関区さんのもう一つのモジュールは中央本線に見られる，旧線跡の橋梁と新線が並走する情景を作り込んだもの．こちらのモジュールにはΦ0.3洋白線による架線が張られている

SHIGEMON島

Scale 1:220
6.5mmほか

Youtubeでの情報発信やイベントでの交流をきっかけに集まったSHIGEMONさんと仲間の動画発信者による共同出展ブース．スケールは16番からZゲージまで各自各様だが，いずれの作品もYoutubeやTwitter等を通じて製作過程が紹介され，モデラーの注目を集めてきた力作揃い．作者自ら解説したり質問を受け付けるなど，リアルなイベントならではの交流で賑わっていた．

しのいぬさんによるZゲージレイアウト．運転を楽しむことをコンセプトにあえて曲線の多い三層構造の複雑な配線とし，情景は控えめな仕上げである．2,700×1,200mmのスペースに5本のエンドレスを凝縮しており，来場者の車輌持ち込みも歓迎していた

Panda NEKO No.1
mr0123ma・た625　共同チーム

Scale 1:87
16.5mmほか

車輌工作，レイアウト製作，電子工作などジャンルにとらわれないチャレンジを行っている下原 務さん・平山 公人さん・藤本 武男さんの合同ブース．HOとNの2スケールで作品を披露した．平山さんが手がける世界各地の高速列車は年々新作が増え，国際色豊かなブースに．外国形は好きな塗色や形式がなかなか製品化されないため自ら改造しているのだという．

奥からフランス国鉄TGV Sud-est（Joef社製より改造），中国高速鉄道CRH3（PIKO製より改造），ドイツ鉄道IC3 406型 BLUE EUROPA（MEHANO製より改造）．一見忠実に製品化されている製品でも実車と異なる部分があり，ドアや窓の埋め込み，再塗装など手を加える箇所は多岐に及んだ

零番三線式の会

（れいばん）

Scale 1:45
32.0mm

ノスタルジーあふれる交流3線式Oゲージを楽しむ"零番三線式の会"．お座敷で走らせている様子を再現した畳敷きの出展で，丈夫でデフォルメされた姿が愛らしい3線式にはぴったりの演出である．年季物をレストアするモデラーが多いのも特徴．

木村 則之さん所有のカツミ製国鉄80系．湘南色は木村さんがレストアしたもので先頭車のパンタグラフを撤去して実物の雰囲気に近づけている

楠居 利彦さんは100円ショップのSeriaで発売されたコンテナで貨車を製作した

西武文理大学
鉄道研究会

Scale 1:150
9.0mm

埼玉県狭山市にキャンパスを構える西武文理大学の鉄道サークル．模型愛好者も多く，普段から教室を借りて運転会を愉しんでいる．JAM常連校だがコロナ禍で3年ぶりの開催のため経験者が少なかったが，OBや顧問の先生の協力を得て充実した3日間を過ごすことができたという．鉄道150年を祝し，夜行列車や通勤形電車，貨物列車など歴史を彩ったコレクションを持ち寄って快走させた．

大学鉄研なのでメンバーの出身地は様々だが，コレクションに地域志向はあまりなく，広く楽しんでいる会員が多い

鉄道模型競技会

スピードコンテスト

全長50mの直線線路をフルスロットルで走行し，計測区間における通過最高速度を競う競技．対象となるゲージは16.5mmのみとなっており，鉄道模型におけるスピードの限界に挑む．

牽引力コンテスト

線路上で控車を介して牽引力を競う競技で，鉄道模型の"綱引き大会"と言ってよいだろう．対象となるゲージは16.5mm，13mm，12mmの3ゲージ．

登坂力コンテスト

会場には例年同様にものすごい斜度の競技台が用意された．競技台は最大斜度25度の勾配をどれだけ登れるかを競う競技．対象となるゲージは16.5mm，13mm，12mmの3ゲージ．

低速コンテスト

スピードコンテストとは逆に3cmの計測区間をどれだけゆっくり走行できるかを競う競技．対象となるゲージは16.5mm，13mm，12mm，9mmの4ゲージ．

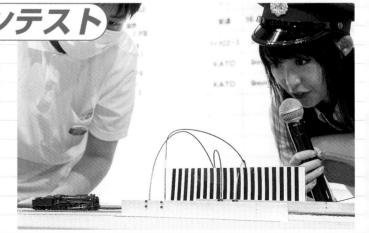

3年ぶりに開催されたJAM．大きなイベントならではの催しの一つが鉄道模型競技会である．今年は会期中の8月19日（金），20日（土）の両日にわたり，恒例となった4つの鉄道模型競技会が開催された．

いずれもモデラー参加形の競技会で，最高速度・最低速度牽引力・登坂力を競う．

今回の目玉もやはり最高速度を競うスピードコンテストであろう．

スピードコンテストをはじめ4つの競技会の審査委員長には例年通り鉄研三田会元会長の伊藤 正光さん，進行は女子鉄アイドルの伊藤 桃さんと赤城 隼人さんが担当した．

最速の栄冠を勝ち取れ！
韋駄天！スピードコンテスト

スピードコンテストは実車形部門と自由形部門の2つで争われる．実車形部門は実物のスタイルを保持しながら，高速化のため工夫を凝らした作品が競う部門．それに対し自由形部門はまさに走りに徹した自由なスタイルの作品が競う部門である．その競技シーンと出走した全作品をご紹介しよう．

競技会の開催前に出走車輌とともに参加者全員で記念撮影

開催時間が近づいたコンテスト会場の様子

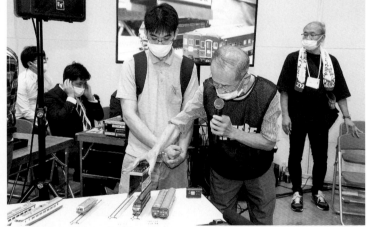

各出走車輌は走行前に車輌限界などの車検を受ける

1車輌につき2回挑戦し，計測器で通過速度を精密に測定する

スピードコンテスト 出走作品グラフ

⏱ 自由形部門

実物の形状にとらわれないフリースタイル車輌で最高速に挑戦．毎年おなじみのメンバーが多いが，それぞれさらなる記録更新に向けて改良が進む．計測速度はすべて1:87のスケールスピード(＝実車換算速度)を採用しており，87分の1サイズで作られた模型が時速20キロで走ればスケールスピードは1,740km/hという世界．1車輌2回走行させて好タイムが出た方を競技記録とする．

井門 義博さんのMLX-01リニア"RS-06"号．愛知万博の超電導リニア館で販売していたリニアモーターカーのチョロQを改造した歴戦の車輌で2018年の第19回JAMでは2323.44km/hを叩き出した．今回は残念ながらトラブル発生でリタイアとなった

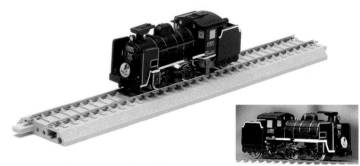

こちらは連続出場記録を持つ井門 義博さんのRS-05改"SLやまぐち号"で，今回は997.833km/hを記録した．マシンはSLやまぐち号のチョロQを改造した車輌で，40,000回転の小さなモーターを搭載している．ギヤ比は1.6:1

井門 義博さんのニューマシン，フライングリレーラー"RS-09"号．模型車輌を線路に載せるために使うリレーラーに走行機器を詰め込んで競技車輌化．模型のリレーラーがかっ飛ぶユーモラスな姿で注目を集めた．ただ，残念ながらトラブル発生で失格となった

優勝を勝ち取ったのは飛び入り参加となった江川 芳章さんの"びっくりハウススペシャル流星"号光速Ver.で，記録は3,263.859km/h．過去実績の4,000Km/h台には達しなかったもののやはり江川さんの実力は圧倒的．過去出場の流星号をベースに更なる高速化を目指し設計・製作したもので，プロペラ駆動で挑戦．車輌外観はアニメ"スーパージェッター"に出てくる流星号をモチーフにしている

⏱ 実車形部門

実物のスタイルを保った模型で競い合う実車形部門．スクラッチモデルや完成品，完成品をベースに動力などを改造した車輌で争われる．

車種によっては編成にしなければならない場合もあり，スピードの限界に挑むにはかなり不利なカテゴリーである．しかし，実物の姿を忠実に模した"走るスケールモデル"であることは鉄道模型がもつ本来の魅力の一つ．その中でどこまで速く走れるかを究める競技なのだ．

速度値はこちらも1:87のスケールスピードを採用．2回走らせて好タイムが出た方を競技記録とする．

鈴木 淳さんのEF66 48+24系の3輌編成で，東京と宮崎を結んだ寝台特急"富士"としてエントリー．TOMIX製品を利用したもので，スピード競技では不利な編成物で挑戦．結果は118.15km/hにとどまった

今回は編成での参加が3名あった．そのうち木村 則之さんは4輛編成，鈴木 淳さんは3輛編成でのエントリー．スピード競技では不利な編成もの．どのような結果が出るか？

毎回実車形エントリーの山岸 隆さん．今年は気動車を2種エントリーして挑戦．こちらはエンドウのキハ02形で，ベルトダイレクトの2軸駆動，モーターはEN22の高速両軸を使用している．記録は1,208.05km/hであった

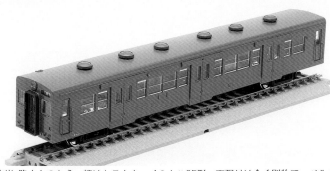

山岸 隆さんのもう一輛はトラムウェイのキハ35形．下廻りは全く別物で，ベルトドライブによる4輪ダイレクトドライブで，スプロケットを1.25:1で増速している．モーターはキハ02同様EN22高速両軸モーターを使用している

井門 義博さんの新幹線試作車1000系A編成は，前回の929.43km/hを大幅に上回る2002.55km/hを記録．模型はカツミの市販品を加工したもので，さらに軽量化するためにライトユニットを再製作，25,000回転のモーターに換装，1.29:1に減速している

木村 則之さんは何とペーパー自作の381系4輛編成で挑戦．動力にはバンブーの1630モーターを使用し，1:1のMPギヤで駆動している．結果は1,567.09km/hと編成物としては大健闘といえよう

ベテランペーパーモデラーの山下 和幸さんは高速試験車クモヤ93000をペーパー自作しエントリー．低重心化と振り子構造で高速性能を向上させての挑戦で，実車の速度記録175km/hの7倍近い1,208.89Km/hをマークした

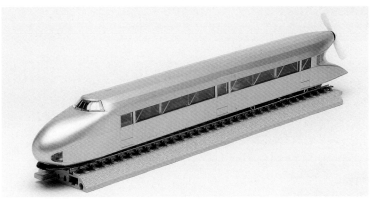

井門 義博さんのシーネンツェッペリンは前回第20回JAM自由形部門でエントリーした車輛である．今回は実車形部門に鞍替え，前回叩き出した2,426.40km/hには及ばなかったものの2,012.33km/hを記録した

スピードコンテスト・競技シーン

3年ぶりのコンテスト。会場には例年通り多くの観衆が集まり競技の様子を観戦した

疾走するのは山下 和幸さんの高速度試験車・クモヤ93形。

"最速の模型"を見るために特設コース沿いは競技開始前からギャラリーの熱気に包まれた。スタートの合図とともに50mのストレートをマシンが加速し、稲妻のように走り抜けるたびにどよめきと歓声があがり、JAMが3年ぶりに行われる喜びを象徴するかのようだった。

四つのコンテストの中でもスピードコンテストは例年競技会の華となる存在。

今年も多くの観衆が全長50mの直線コースに集まり、記録の更新をかけての争いに観衆も沸いた。競技方式は2種目となっており、自由形部門と実車形部門でそれぞれの最高速度を競う。

自由形部門と実車形部門の2部門には次の条件が設定されている。

◆自由形部門…16.5mmゲージ線路を線路から集電して走行でき、車輌限界を大きく超えなければ自由な造形・駆動方式が認められている。ニックネームまたは形式を付けてエントリーする。自由形部門には例年通りユニークな作品がエントリーされた。軽い車体に内蔵した高回転モーターでプロペラを駆動するプロペラカーやサスペンション機構を組み込んだ低重心の車輌など、スピードを追求した特殊装備も見所である。

◆実車形部門…実物のスタイルを有しているということ以外に、両運転台ではない電車などの場合は編成としてエントリーしなければならない、という条件が課せられている。高回転モーターへの換装や駆動方式の改造を試みた作品も見られた。

実車形部門に新幹線試作編成で挑戦する井門 義博さん

エキシビジョン

エキシビジョン走行でスロットルを握る江川さん

タイトルホルダー 江川 芳章さんの作品は他者の追随を許さず、いわゆる"殿堂入り"。そこで過去の車輌のエキシビジョン走行が行われた。走行した車輌は"令和ロマン3号""昭和の未来号""平成ロマン8号"の3車種であった。

スピードコンテスト【エキシビジョン】

	出場者	エントリー車輌	2回目記録
1位	江川 芳章	令和ロマン3号	3,303.10km/h
2位	江川 芳章	昭和の未来号	2,997.13km/h
3位	江川 芳章	平成ロマン8号	2,621.80km/h

※計測速度はすべて1/87のスケールスピードに統一。

"ビックリハウススペシャル昭和の未来"号(改)はEXPO'70(大阪万博)日本館に展示されたリニアモーターカーをイメージした車体に高回転形モーターを搭載し、過去実績1,849.97km/hを上回る2,997.13km/hを記録した

"びっくりハウススペシャル 平成ロマン8"号。記録は2,621.80km/h。新幹線初期構想時のスケッチをモチーフに特急色塗装をした外観で、機構的にはプロペラ推進力とレール―車輪間の摩擦力の双方を加速に利用するハイブリッドカーだ

"令和ロマン3"号は3作品最高の3,303.10km/hを記録した

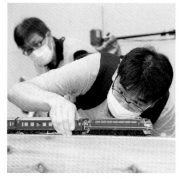

スロットルをフルに回して,いざ挑戦!

シーネンツェッペリン走行後.井門 義博さんが伊藤 桃さんからインタビューを受ける.井門さんにとってもスピードコンテストは毎年の楽しみであるという

スピードコンテスト【自由形部門】

	出場者	エントリー車輌	ニックネーム	メーカー	1回目記録	2回目記録
優勝	江川 芳章	流星号		自作	2,443.44km/h	3,263.86km/h
2位	井門 義博	SLやまぐち号	RS-05	自作	997.84km/h	842.25km/h
—	井門 義博	MLX-01リニア	RS-06	自作	リタイヤ	
—	井門 義博	フライングリレーラー	RS-09	自作	失格	失格
—	宮田 武司	プロペラカー P-Sr 0	シルバーホエール	自作	不参加	—
—	宮田 武司	シルバーアロー	シルバーアロー	自作	不参加	—

スピードコンテスト【実車形部門】

	出場者	エントリー車輌	ニックネーム	メーカー	1回目記録	2回目記録
優勝	井門 義博	シーネンツェッペリン		メルクリン	2,012.34km/h	失格
2位	井門 義博	新幹線試験電車 1000形A編成	—	カツミ	1,913.02km/h	2,002.56km/h
3位	木村 則之	381系	—	自作	1,494.85km/ h	1,567.10km/ h
4位	山下 和幸	クモヤ93000	—	自作	1,208.89km/h	1,060,98km/h
5位	山岸 隆	キハ02	—	エンドウ	613.11km/h	1,208.05km/h
6位	山岸 隆	キハ35	—	トラムウェイ	1,068.80km/h	1,061.62km/h
7位	鈴木 淳	EF66 48+24系	24系25型時代の寝台特急"富士"	TOMIX	118.15km/h	118.08km/h
—	宮田 武司	キハ03	—	エンドウ	不参加	

※計測速度はすべて1/87のスケールスピードに統一.

江川 芳章さん

井門 義博さん

競技会の表彰式.左から牽引力コンテスト蒸機以外部門優勝の尾崎 裕之さん,蒸機部門優勝の横川 和明さん,そしてスピードコンテスト実車形部門優勝の井門 義博さん.自由形部門優勝の江川 芳章さん

力自慢！牽引力コンテスト

牽引力コンテストは合図に合わせて引っ張り合う模型の綱引き大会だ．ただ，その性格上，エントリーは機関車に限定される．レール踏面に対してどれだけ効率的に牽引力を伝えられるか，そして，スタート時の瞬発力を問われる競技である．重量の差が影響するため，近い重量同士の対戦になるよう考慮され，トーナメント形式で進められる．車輪は金属製タイヤ限定でゴムタイヤやグルーなどのグリップ剤は禁止，規定のポイントを通過することが条件であった．

蒸機部門と蒸機以外部門の2部門制．過去の競技会同様に勝敗を分けるのはやはり"重量"で，限界までウエイトを詰め込んだスペシャル機関車が席巻する結果となった．

出走全車輌グラフ

蒸機部門エントリーは3名．こちらは横川 和明さんの南満洲鉄道のパシナで，積める限りのウエイトを入れて重量は725g．蒸機部門で優勝した

森井 義博さんのC53形は自作品で，無通電時でも動輪が回転する

こちらは井門 義博さんのC57 130号機で，重量は522g．牽引力はウエイトを積み込みすぎるよりもバランスが大事と本人談

蒸機以外部門でのエントリーは7名．スピードコンテストにエントリーした鈴木 淳さんは同じEF66 48で挑戦．重量は655g

尾崎 裕之さんのEF80 11号機は前回の優勝車輌で，小改造を施して再エントリー．重量は1,806gで，今回も連覇を果たした

同じく尾崎 裕之さんのED76 500番台．2,000g超えを目指して本番ぎりぎりまで加工・調整を繰り返した．重量は目標の2,000gを超えて2,093gの超重量級

横川 和明さんのEF81形は，しなのマイクロ製キット組み立てで，ウエイトを可能な限り詰め込んで重量は1,368g

平野 聰さんはEF81 300番台で挑戦．車体が長い交直流電機はウエイトを積み粘着力を稼ぐのに有利で，当機も車内いっぱいにウエイトを詰め込んで重量は1,716g

尾崎 裕之さんのもう一輌はEF71形で，こちらも2,000g超えを目指して本番ぎりぎりまで加工・調整を繰り返した．重量は目標の2,000gを超えて2,095gの超重量級．

井門 義博さんの電気機関車は12mmのEF81 136号機．スケールが1:87と小振りなため，どうしても積めるウエイトが少なくハンディがありながらも重量は849g

自慢の電気機関車で挑戦．蒸気機関車部門で優勝した横川 和明さん

蒸機以外部門で圧勝した尾崎 裕之さん．粘着重量に徹底してこだわった成果だ

牽引力コンテスト【蒸機部門】

	出場者	エントリー車輌	ゲージ	重さ
優勝	横川 和明	南満鉄 パシナ	16.5mm	725 g
2位	井門 義博	C57 130	16.5mm	522 g
3位	森井 義博	C53	12mm	600 g

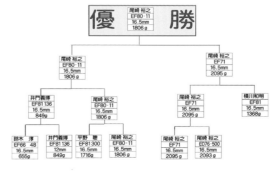

蒸機以外部門の競技結果．試合前の車検で車重を計測し，車重が近い車輌同士を対戦させてトーナメント戦を行った．牽引力を増やすには重くした方がよいとされており，上位に進出したのはいずれも市販品の数倍までウエイトを積み増しした重量車輌である．しかし，必ずしも重い方が勝っているわけではない

Hill climbing! 登坂力コンテスト

最大斜度25度の線路をどこまで登れるのかを競うのが，登坂力コンテスト．こちらの競技にも車検制度があり，フリースタイル不可．なおかつ車輪は金属製タイヤで，グリップするための加工などは禁止とされた．

　動力軸の数と粘着力が勝負と思われるこの競技，ウエイトを車軸にどう効率的に伝えるかが重要と思われ，余計な死重をひきずるテンダー機関車は不利そうだ．また過去の実績から軽量化した車輌での挑戦が目を引いた．自転車レースでもヒルクライムは体重の軽い選手が有利とされるが，駆動効率を究めて登坂の限界を最後に左右するのは意外にも"軽さ"なのかもしれない．

競技台を前に挑戦者で記念撮影

クリニック講演中の井門 義博さんに代わりが井門 竜之助さんが登坂に挑戦

優勝した多摩川 泉さんのDE10形が400‰にかからんとするところ．過去の経験から軽量化して挑戦

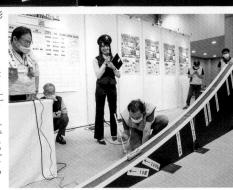

用意された競技台に機関車を載せていき，いざClimbing！競技台には最大25度の勾配に16.5mm／13mm／12mmゲージの3種類の線路が敷かれており，スタート部分ですでに7％の勾配がある．平坦部分から助走をつけるなどのごまかしが出来ない，最初から手ごわい設定になっている

出走全車輌グラフ

川崎 卓さんのエントリー車輌は重量級タンク機の中村精密製E10形．到達記録は212.56‰

同じく川崎さんの4110形．マイクロキャスト水野製の機関車で，登坂力コンテストでは常連の機関車．到達記録は246.55‰であった

多摩川 泉さんのDE10形はKATO製品で，軽量化して挑戦．到達記録412.17‰でぶっちぎりの優勝であった

4110形は2名エントリーした人気車種．井門 義博さんの4129号は1:87，12mmゲージで，過去実績のあった峠のシェルパ，モデルワム製で動輪を黒染めして挑戦．到達記録は290.53‰で2位だった

こちらも井門 義博さんのエントリーで，1:87，12mmのDF50 542号機．到達記録213.47‰であった

横川 和明さんは会場で販売されていたユーシャンの台湾国鉄のE300形を力試しでエントリー．無加工で到達記録は214.38‰であった

松永 美砂男さんは初エントリーで長勢式ガソリン機関車を持参．アルモデル製品のコンパクトな機関車で，到達記録は205.27‰であった

登坂力コンテスト

	出場者	エントリー車輌	ニックネーム	メーカー	軌間	1回目記録		2回目記録	
						最高到達角度	パーミル	最高到達角度	パーミル
優勝	多摩川 泉	DE10	どっこい DE	KATO	13mm	20.8度	379.86‰	22.4度	412.17‰
2位	井門 義博	4110型（4129）	―	モデルワム	12mm	16度	286.75‰	16.2度	290.53‰
3位	川崎 卓	4110型（4119）	―	水野	16.5mm	13.85度	246.55‰	13.7度	243.78‰
4位	横川 和明	台湾鉄路E300	―	ユーシャン	16.5mm	11.85度	209.82‰	12.1度	214.38‰
5位	井門 義博	DF50 542	―	IMON	12mm	11.3度	199.82%	12.05度	213.47‰
6位	川崎 卓	E10（E10-1）	―	中村精密	16.5mm	11.7度	207.09‰	12.0度	212.56‰
7位	松永 美砂男	長勢式ガソリン機関車	―	アルモデル	16.5mm	11.6度	205.27‰	10.85度	191.66‰

亀亀！低速コンテスト

4つの競技の締めはスピードコンテストとは対照的な低速コンテストだ．3cmの計測区間をどれだけゆっくりと走行できるかを競う．事前に車検制度があり，走行確認を実施．超低速ギヤは不可とされている．蒸機部門と蒸機以外部門があるが，どのスケールの車輌においてもスケールスピードで50km/h以上出せることが条件となっている．計測区間走行中に止まったら失格なので，エントリーした車輌自体のスペックもさることながら，低速を出せる専用のコントローラーで競技者自身に任されたスロットル捌きが勝敗を決めることもありそうだ．

森井 義博さんが自らのスロットル捌きで記録に挑む．結果，蒸機部門の覇者となった

普段使用のパワーパックとは異なった専用のパワーパックの扱いに戸惑いながら低速競技に挑戦する中込 浩二さん（左）と鈴木 淳さん（右）

表彰式の様子．左から低速コンテスト蒸機以外部門優勝の中込 浩二さん，低速コンテスト蒸機部門優勝の森井 義博さん，登坂力コンテスト優勝の多摩川 泉さん

出走全車輌グラフ

蒸機部門エントリーは5輌．こちらは中込 浩二さんのKATO製の9600形で，0.22秒の記録であった

森井 義博さんのIMON製C11二次型．1.86秒で蒸機部門の優勝を勝ち取った

後藤 秀晃さんのKATO製のC50形．記録は1.70秒であった

後藤さんのマイクロエース製のC53 43号機．記録は1.40秒であった

後藤さんのKATO製のC62 2号機．記録は1.77秒であった

蒸機以外部門のエントリーは4輌．中込 浩二さんのマイクロエース近江鉄道ED14タイプの記録は1.60秒であった

同じく中込さんのマイクロエースの国鉄ED41形．2.12秒の記録で，蒸機以外部門で優勝を勝ち取った

鈴木 淳さんはTOMIXのDE10 1756号機で挑戦．記録は0.10秒であった

井門義博さんは12mmのDF50 542号機で挑戦．記録は1.64秒であった

低速コンテスト【蒸機部門】

	出場者	エントリー車輌	メーカー	軌間	1回目記録	2回目記録
優勝	森井 義博	C11 二次型	IMON	12mm	1.86秒	1.67秒
2位	後藤 秀晃	国鉄 C62 2	KATO	9mm	―	1.77秒
3位	後藤 秀晃	国鉄 C50 78	KATO	9mm	1.70秒	―
4位	後藤 秀晃	鉄道省 C53 43	マイクロエース	9mm	0.99秒	1.40秒
5位	中込 浩二	9600（29611）	KATO	9mm	0.22秒	0.13秒

低速コンテスト【蒸機以外部門】

	出場者	エントリー車輌	メーカー	軌間	1回目記録	2回目記録
優勝	中込 浩二	国鉄ED41	マイクロエース	9mm	2.38秒	2.12秒
2位	後藤 秀晃	DF50 542	IMON	12mm	0.89秒	1.64秒
3位	後藤 秀晃	ED14・1タイプ 近江鉄道	マイクロエース	9mm	1.56秒	1.60秒
4位	中込 浩二	DE10 1756	TOMIX	9mm	―	0.10秒

ナローゲージジャンクション 服部 英之さんのHOナローレイアウト"西勝寺鉄道の秋".『鉄道模型趣味』に連載された小林 信夫さんのイラストをイメージした駅舎を中心に軽便鉄道の似合う街並みを作り込んだ

S & BR

Scale 1:76
16.5mmほか

英国での原作絵本のスタートから75年以上にわたって親しまれている『きかんしゃトーマス』シリーズ. その世界観やキャラクターをモデルで楽しんでいるのがS&BRだ. 主宰の種さんとTwitter上で共鳴した仲間たちにより発足, JAMへは前回の2019年に続き2度目の参加となった. 車輌・情景の両面でトーマスワールドを再現. そのモチーフゆえに楽しげな雰囲気だが, 製品にないキャラクターを自作や改造で揃えるなど, マニアックなこだわりも随所に見られた.

トーマスLabさんは, バックマン製トーマスシリーズをずらりと展示. 製品のままではなく, ハンドレールの立体化など手を加えてトイライクな印象を払拭している. 特に手前の"マードック"は, キャラクターのモデルとなった9F形蒸機を基にテンダーやロッドなどのディテールを劇中通りに加工, 顔を玩具からレジンコピーして仕上げた労作〔OO〕

英国らしいナローボートが行く川沿いの情景は, Kai@Sodorさん製作. シーナリーがあると, キャラクターも俄然生き生きしてくる〔OO〕

ken5さんは得意の3Dプリントを活用し, NゲージでトーマスワールドをConstruct. 写真奥の倉庫や製品化されていないゴードン・エドワード, 一部の貨車・客車などに3D出力が使われ, オーソドックスなプラ工作と適材適所で組み合わせている. スケールはTOMIXのトーマスシリーズに合わせて英国型の1:148よりやや大きめに設計している〔N〕

慶應義塾高等学校鉄道研究会

Scale 1:150
9.0mm

歴代製作してきたレイアウトに新作モジュールを加えて出展. コロナ禍により, 特に3年生は思うように部活動ができない高校生活を強いられたが, 最後の夏に復活したJAMを部員一丸になって大いに楽しんだ.

前回2019年に向けて製作した西武新宿線の井荻駅をモデルにした駅モジュールも改良修理を施して再登場. 高さの違うホーム屋根や跨線橋を的確に再現し, 特徴的な配線も実物に近い形としている

新たに製作した転車台を含むモジュール. 本線脇には釣り堀を設け, やや波立つ水面に釣り人が糸を垂れるシーンを作り込んでいる

B作&飽き性モデラー

Scale 1:150
9.0mm

B作さんが幼き日に見た国鉄四国の情景を500×300mmの極小サイズに凝縮した"国鉄B讃線"レイアウト. 短いエンドレスに鄙びた駅を置き, 緑濃い山河と棚田, 清流と心象風景にあるものを凝縮した濃密な作品だ. 水深を感じさせる川面の質感や, ハケの毛先を使って再現した稲の質感が秀逸だ

JAM初出展の飽き性モデラーさんは信越本線 鯨波―青海川モジュールを披露. 言わずと知れた日本海沿いの有名撮影地で, 大らかなカントの付いたS字曲線を細部まで描写している. トンネルは実物さながらにセメントを使用して製作. 架線は艦船模型に使う0.1mmメタルリギングから作った大変な労作である

愛媛県在住のB作さんと新潟県在住の飽き性モデラーさんによる合同出展ブース. 両氏ともSNSで情景作品をエネルギッシュに発信するモデラーで, 製作中の模様はネットを通じて多くの来場者が知るところである.

紙鐵 九粍會
(かみ てつ きゅう みり かい)

JAM初出展．紙で定規とカッターを使ってNスケールの車輌や建物を作る鉄道模型サークルである．ペーパー工作といえばHO以上のスケールが主流だが，あえて小さなNゲージでケント紙から自分だけの模型を作ることをライフワークとしている．ブースでは製作実演も行われ，デザインナイフ1本で小さな窓を次々に抜いていく鮮やかな技に驚きの声が上がっていた．

コロナ禍で旅行に出かけることができなかった中，初めてのコンベンション出展にあたりメンバーで観光列車の競作を実施．波多野 正芳さんは伊豆急2100系リゾート21を自作した

こちらも観光列車のペーパースクラッチ競作．凸川警部さんの京成電鉄1600形開運号である．成田山新勝寺への参拝観光を担った特急電車で，ずらりと並んだ小窓を一糸の乱れもなくカッターで抜く工作力に驚かされる

モジュールも展示され，ストラクチャーは鋼製架線柱を含めてほとんどがペーパー製．既製品にないオリジナリティと紙の薄さを生かしたシャープな表現が魅力だ

Formosa Rail Club （台湾鉄道）

初めて台湾を旅した約20年前，日本の車輌規格と同じ台湾の鉄道に親しみを感じ，それまで楽しんでいたNゲージで揃えてみたいと台湾形の世界に飛び込んだ長野 武史さんらのサークル．当初は市販モデルに恵まれず自作や僅かに出ていたキットを組みながら一歩ずつコレクションを増やしてきた．近年実物の鉄道業界でも日台のコラボレーションが盛んであり，地元のモデラーとも交流しつつ台鉄の世界を満喫している．

台湾鉄道管理局EMU300型．図面が入手できなかったため写真から寸法を割り出し，3Dプリントにより作り上げた力作である

しなの鉄道のカラーリングを纏った台湾鉄路管理局EM500型を再現

内田 駿之さんは京急のカラーリングを纏った台湾鉄道管理局EMU700型を製作．鐵支路製品を塗装剥離し，再塗装している

長野 武史さんが真鍮製キットをベースに現地の友人の協力も得て完成させた台湾鐵路管理局のDR2900型

pagos

Scale フリー

バンダイBトレインショーティーの愛らしさに魅了され，製品化されない車種はNゲージ車輌を縮めて10年以上にわたって作り続けてきた．約500輌に及ぶコレクションを一堂に展示．展示の迫力もさることながら各車の破綻のないショーティ化も魅力だ．6cmのサイズに収める改造作業は特徴的な箇所をいかに残して切り継いで美しく仕上げるか，毎回クリエイティブな作業だという．

ステのアトリエ

Scale 1:160
9.0mm

3DプリンターでNゲージのオリジナルパーツや車輌を製作している個人出展のブース．第二次世界大戦時に製作されたドイツの列車砲クルップK5レオポルドが注目を集めていた．

K5列車砲はディスプレイモデルではなく，走行可能なNゲージ車輌とするべく3Dプリンターで設計・試作を繰り返してR282急曲線を通過できるようにした．同じくドイツ製戦車TIGER2とそれを積載する80t重平貨車なども3Dプリンターで自作している

Lococoro

Scale 1:20
45.0mm

竹井 心さんはシルバニアファミリー等，人形を乗せて走ることのできる車輌と線路を製作．ドールハウスと鉄道模型を掛け合わせたジャンルとして楽しむ"ドールトレイン"．情景の作り込みと合わせて癒しのある独特な世界観を披露した．電源は車載式として取り扱いやすいようになっている．

エゾゼミ電車区

Scale 1:150
9.0mm

実車の車輌解説や運用をまとめた同人誌を制作している鉄道ファン3人によるサークルが初出展．関東大手私鉄と東北地方の主役701系が得意なフィールドで，メンバーのTAIKIたなBんさんBは今回のコンベンションに向けて初めて2,000×2,100mmレイアウトを作り上げた．複線エンドレス2本を配し，行き交うのはバラエティ豊かな701系や貨物列車．大好きな昭和の鉄道と，青森の鉄道シーンを再現している．

平井鉄道 with おだえの

Scale 1:150 9.0mm

神奈川県平塚市で自宅レイアウトを一般公開し，ネット上で積極的にその製作過程も発信している平井鉄道さんと，車輌製作メインの若手 おだえのさんによる合同ブース．新作の地下線レイアウトモジュールは2年前の着工時から製作プロセスがYouTube上で詳細に紹介されている話題作で，駅部は透明アクリル板で覆い地下に入る列車を"見せる"演出を施している．このようにネットで注目していた人気作をリアルに見たり作者と交流することができるのもコンベンションの魅力である．

来場者の車輌持ち込みも歓迎していた．

地下鉄車輌の走行を楽しめるように近年の地下区間を再現したレイアウト．現在は地上と地下の2階層だが，完成形は3階層とさらに立体的になる予定．地下区間の走行をより楽しめるよう8台のカメラによりトンネル内の様子を映し出している

検査明けをイメージして台車以外をウェザリングしたおだえのさんの小田急4000形．実車の形態を再現するとともに床下にメリハリがついた

岩倉高等学校 鉄道模型部

Scale 1:150 9.0mm

東京都台東区で鉄道業界人を育てる名門校，岩倉高校．鉄道研究部とは独立して鉄道模型部が活動するのが部員の層の厚さをよく現しており，模型製作やイベントへの積極的な出展により"体験を通して学ぶ活動"に取り組んでいる．

岡田 雪成さんは1940年の開業以来その姿を保ち続けている天竜浜名湖鉄道（旧国鉄二俣線）天竜二俣駅のモジュールを製作．実物は転車台も併設されたローカル線の広大な拠点駅だが，駅ホームや転車台といったこの駅の特徴的な要素を切り取ってうまくまとめている．雑草が生えた様子も抜かりなく再現しており，蒸機時代のC58から近年の気動車まで非電化のローカル車輌なら何でも似合う汎用性も魅力である

彌永 裕樹さんは西九州新幹線 三ノ瀬トンネルモジュールを製作．地質が悪いためトンネル上部の山塊に法面対策が施された特徴的な外観で，デフォルメしつつ308×355mmのコンパクトなモジュールに落とし込んだ作品である．高架橋はプラ板全自作，法面はプラ棒で枠を再現している

中古で楽しむ16番模型

Scale 1:80
16.5mm

1960年代のカワイ製キハ35形500番台をレストア．床下機器は大部分を交換し，連結器周辺にはパーツを追加．オリジナルの車体を生かしつつ，軽快な印象を得た作品

中古で入手した16番モデルのレストアを『とれいん』にて連載している林 信之さん．真鍮製模型は年数を経ても塗装を落としたり組み直して再生することが容易であり，金属工作のテクニックを身につければデッドストックやジャンクとなっていた数十年前の古いキットも再生できる．腰を据え，息の長い楽しみ方ができる大人の趣味である．林さんは真鍮でフルスクラッチも行ってきた腕前を活かして中古レストアライフを楽しんでおり，それぞれの製品が持つ時代感をうまく残した仕上げも見どころだ．

ホビーショップモア製キットを組んだDD21．パーツ点数が多い一方で説明書は簡易だったため，工夫しながら組み上げた

鉄道模型社製ED54はキット組のジャンク品を再生．一度分解しての再組立はやり直しも多く，断念が頭をよぎるほど手がかかったとか．しかし完成したときの嬉しさはひとしおだったことだろう

1950年代の鉄道模型社製自由形Bタンクは，車体を広げてしまうほどのモーターだった．それを交換し，天窓を追加で工作して往年の姿を取り戻した

Tsudanuma Indoor Railway

Scale 1:24
45.0mm

2007年から13年にかけて発売された分冊百科『週刊 蒸気機関車C62を作る』と続編の『D51を作る』に付属の部品を全冊揃えて組み立て，走行可能にした

青木 佑一さんがディアゴスティーニ製の45mmゲージD51やC62を走行化した作品．走行に必要な動力化のほか，車体や車軸の絶縁処理を行っている．

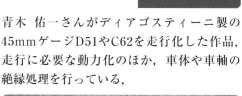

蒸機の走行音を流す自作のスピーカー．簡易な造りであるが音源ごとスピーカーを製作し，さまざまな走行音を楽しめる

Narrow Gauge Junction

ナローゲージという共通項のもとハイレベルなモデラーが集結するNarrow Gauge Junction. 79ページで服部 英之さんの"西勝寺鉄道の秋"を紹介しているが, サイズは小粒でも見るほどにひき込まれるクオリティの高さが身上で, 特に情景づくりに関してはトップレベルのテクニシャンが揃っている.

バラエティ豊かな作品が並ぶブースの一画. 奥にあるパイクはどちらも0ナローだが, 左がOn30 (鵜飼 健一郎さん), 右はOn18 (小泉 宣夫さん), 手前のエンドレスを走るHOn30の九十九里鉄道の列車 (田岡 広樹さん) はDCCサウンドを組み込み. 中央に陣取るドールトレインはLococoro竹井 心さんの出張展示である

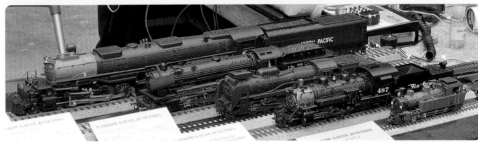

1：87のHOスケールで各国の車輛を比較. 日本のD51とアメリカのD & RGW K-36は中部 浩佐さん所蔵, 右端のザクセンDタンクは谷川 雄介さんの製作である

Gezellig Spoor　—心地よい鉄路—

7年間の欧州生活の思い出を残そうと製作した4,040×2,700mmのモジュールレイアウト. 全周にわたり架線を敷設し, 列車のパンタグラフが架線に接しながら走行する (集電はせず).

街並みは欧州各地の"彩り"を意識し雰囲気重視. 分割式レイアウトのためモジュール間の架線の接続をいかに簡単・確実に行うかが最大の課題で, ばねで伸縮する"調整架線"を考案. 脱着の簡易さと耐久性を実現した. 鉄道フェリーターミナルとフェリーボートは, イタリアのメッシーナ海峡フェリーがモデル. 電動でハッチが開閉して列車を船腹に格納できる.

接岸した鉄道連絡船. 船とターミナルビルは全自作で, 可動桟橋から客車を船腹に格納することができる. その円滑な動作にも並々ならぬ工夫を要した

分割式レイアウトでなくとも繊細な架線の再現は難しいテーマである. 本作ではモジュールの接続箇所にばね伸縮式の"調整架線"を配し, 堅牢かつ簡便な脱着を可能にした. 運搬にも耐えうるよう架線柱ほか十分な強度をもたせて製作にあたっている

自由環状線（北急・鈴鉄）

ロマンスカーや通勤電車が発着する小田急新宿駅モジュール．来場者が写真に撮ってSNSに投稿しやすいよう支柱や側壁は途中でカットして見通しを向上．2番のりば車止めの正面にある子供たちの人気スポット，ロマンスカーカフェも作り込んでいる

かつて東北上信越への長距離列車が発着した上野駅13番・14番ホーム．クルーズトレイン"四季島"が発着する現代の姿で製作しており，改札側のコーヒー店内まで再現している．実物は頭上の人工地盤を支えるため多数の列柱が建っており，昼なお暗い独特の風情．適度なところでカットして，上野駅ならではのムードと写真の撮りやすさを両立させた

米田 淳一さん・鈴木 悠太さんの合同ブース．複数列車を走らせることができるトミックスの新制御システムTNOSの威力をフルに発揮できる展示レイアウトを製作した．往復運転の両終点に頭端式ターミナルである"小田急新宿駅"と"国鉄/JR上野駅13番14番ホーム"モジュールを配置．中間駅を介して両駅を結ぶことでTNOSならでは高度な演出運転が行えるようにした．

新宿も上野も全国屈指の大ターミナルだが，鉄道150年の節目に多くの人が思い出を抱く駅としてペーパーでフルスクラッチ．製作期間は約8か月である．

NPO　ナナツホシ

東京都足立区で子供たちに鉄道を通したさまざまなものづくり体験を提供し，"鉄道ミュージアム"と題した遊びながら育つことのできる，子供の居場所づくり活動を実践しているNPO法人ナナツホシのブース．普段は地元竹ノ塚でプラレール，Nゲージ体験運転，ペーパークラフト，簡単なプログラミングを使ったモジュールキットの運転などを行っている．今回のコンベンションではペーパークラフトの作品や，プログラミングも体験できるモジュールキットBridgerの展示を行った．

Bridger（ブリッジャー）とは，プラスティック製のブロックから車輌を組み立てる0ゲージ近似サイズのモジュールキットで，スマートフォンに入れたアプリからWi-Fiで乾電池内蔵の動力車を電子制御する独自規格の鉄道模型である．機関車はヨーロッパ風の自由形で，子供でも容易に組み立てや簡単なプログラミングによる運転を行うことができる．右はBridgerの機関車に地元東武スカイツリーラインの新形特急"リバティ"のペーパークラフトを被せたメンバーの作品

┃ポッポ屋

Scale 1:150 9.0mm

メンバーごとに個性豊かなNゲージモジュールレイアウトを製作しているポッポ屋．もちろん車輌工作も本格的で，今回のコンベンションでは鉄道150年を祝して日本の鉄道史に残るさまざまな列車の運転・展示を行った．

中央線沿線に生まれ101系を見て育った小菅 隆寛さんは，その試作車であるモハ90を東京堂モデルカンパニー製キットから製作．22年前のキット発売後すぐ着手したが，最近ついに完成させた．下回りはKATO製101系のものに換装

細川 直紀さん作，札幌市営地下鉄6000形タイプ．実車はゴムタイヤ式のためなかなか製品化されず自作に踏み切った．第一次開業時（1976年）の4輌編成がモデルで，京急1500形をベースに前面は上半分東武10000系,下半分プラ板積層で製作．今後はパイオニア台車に履き替えゴムタイヤのイメージに近づけたいとのこと

┃JOTO RAILWAY

Scale 1:150 9.0mm

長部 太郎さんの個人出展．"手持ちの車輌をこんな風景で走らせることができたらいいな"とモジュールレイアウトを製作した．複線は緩やかなS字カーブを描き，走る車輌が美しく見えることを考えた大人の仕上がり．慎ましい表現ながら細部まで丁寧な作り込みが列車を引き立てる．車輌は完成品メインだが，"サフィール踊り子"や京急2100形など地元横浜を走る花形が快走．前方映像を映写するカメラカーも走行した．

┃T-TRAK Tokyo Project

Scale 1:150 9.0mm

欧米でNゲージのモジュールの統一規格として浸透しているT-TRAK規格に基づいてレイアウト・ライフを愉しむビルダーの集まり．メンバーが集まっての運転会はもちろん，国内外のさまざまなT-TRAK規格のイベントに精力的に出展しており，情景を作って走らせるNゲージ本来の遊び方を追求した一つの究極的スタイルと言えるだろう．シングルと称する直線部は310×355mm，コーナー部は365×365mm規格で製作されている．いずれのモジュールも運搬にも耐えうる堅牢さをもたせながら常に一歩先ゆく情景表現に取り組んでおり，イベントでの表彰作も目白押しだ．

東海道本線の上層に京阪京津線を重ねた上野 徹さんの有名作 "逢坂山モジュール" をはじめ，運搬しやすさと統一規格を活かして海外のT-TRAKイベントに遠征して楽しむことができるのもこの規格の魅力である

多摩温泉電鉄

"ゆるく古めで実物に捉われることなく好きな風景をJAMで並べたい"と，モジュールレイアウトとフリーランス車輌で固めた大石 晃さんの個人出展ブース．ゆるくと言っても情景の作り込みはコンパクトにして濃密．車長の短いフリーランスを一貫したセンスで作り揃え，楽しい世界観が形成されている．路面モジュール規格を採用し，マイコンで複数列車の同時運転も実施．近年架空の鉄道車輌を愉しむフリーランスがNゲージ界で流行しているが，大石さんは小形車輌でその先端を行くお一人．ブースはSNSで知り合ったモデラーが作品を持ち寄り，ちょっとした社交場となっていた．

紅葉真っ盛りの山あいに佇む"多摩温泉"を表現したモジュール．起伏に富んだ地形に温泉宿や土産物店が密集し，美しい風景に溶け込むように短い貨物列車がゆっくりと駆け巡る．好きなものだけをセレクトした夢の空間だ

満開の桜に囲まれた"多摩鉱山"駅．ヤードにはぎっしりとセメント貨車が並び，資源に恵まれ好ましい雰囲気をもつこの鉄道の成り立ちを物語っている

苫小牧1975

生まれ育った苫小牧市にかつて存在した数々の思い出深い建築物を，1,280×700mmのコンパクトなスペースに箱庭化．時代設定は国鉄本線無煙化の年である1975年．王子製紙の200m煙突がそびえる沿線風景を，幕の内弁当のように彩りよくまとめるため，いかにうまく模型的な嘘をつくか？に心を砕いた．TMSレイアウトコンペ入選作で『鉄道模型趣味』2021年8月号の表紙に登場した作品．

広大な王子製紙苫小牧工場をぎゅっと凝縮．ボイラーと三本の煙突，原料のチップを積んできた船から蒸解釜といった一通りの工程施設を高い密度で作り込んでいる．錯視を利用したデフォルメ技の集大成だ

イベントダイジェスト

国際鉄道模型コンベンションの会場では、ファミリーから熱心なファンまで幅広く楽しめるようさまざまなアトラクションが用意されている。ここではそんな会場各所でのイベントの様子を紹介しよう。

特別展示 "天賞堂の世界"

C62 39の真鍮大型ディスプレイモデル。1970年代に受注した博物館向け展示模型の予備品で、動輪が回転する。後年サウンド装置が組み込まれ、銀座4丁目の天賞堂先代本社ビルにあった会議室で長く展示されていた特別な1輌だ

一流店がひしめく銀座にあって、磨き抜かれた高い趣味性が顧客の心を捉えてきた。73年に及ぶ天賞堂の鉄道模型の歴史は、まさに日本の鉄道模型趣味の本流と呼ぶにふさわしい

天賞堂製品をコレクションに加えることはいつの時代もモデラーの憧れである。歴代の製品がこれだけ一堂に見られる機会は貴重だ

第21回JAMの特別展示は名門 "天賞堂の世界"。22ページからの特集記事でその魅力をお伝えしているが、コンベンション会期中はエントランスで特別展が催され、歴代製品が勢揃いして来場者を迎えた。戦後まもない黎明期のモデルまでこれほど良好な状態で揃うのは、丁寧な手仕事を尊び、伝統と革新で歴史を紡いできた同社ならではである。

黎明期の製品。木箱・紙箱に至るまで完璧な状態で保存されている

5インチゲージ乗車コーナー

国鉄103系をデフォルメした電動乗用模型 "Qトレ"。断面は実物の1:8.4、長さは1:4で作られており、バッテリー駆動により安定した走りを見せる

毎回ファミリーに大人気の5インチゲージ乗車体験。企業出展もしている鉄太郎電鉄の協力により、軌間127mmの乗用大形模型がお子様たちを乗せてエンドレスを快走した。運転は最後部に乗務するスタッフが行うが、一番前に座れば気分は電車の運転士！夏休みの忘れられない思い出になったことだろう。

羅須知人鉄道協会 蒸機コーナー

スチームに代えて圧縮空気を動力源とする無火による運転となった。それでも本物の迫力は会場随一の存在感。乗車料金200円

千葉県成田市の成田ゆめ牧場 "まきば線" を拠点に活動する羅須知人鉄道協会による出張運転。軌間610mmと小形ながら本物の蒸気機関車が人車を牽いて100mほどの直線をゆっくり往復した。アメリカ・ポーター社製のサドルタンクをイメージして作られた7号機 "GINGER" にとっても4年ぶり、2回目の晴れ舞台だ。

伊藤 桃 "鉄道150年を探そう"

東京駅前に建つ日本の鉄道の父, 井上 勝像や, 0マイルポストが置かれた旧新橋駅跡, 初代横浜駅としてモニュメントが遺る桜木町を彼女ならではのアイポイントで紹介

鉄道アイドル・伊藤 桃ちゃんが, 明治5年の鉄道開通にまつわる史跡を訪れ, 歴史背景や貢献した人物像まで丹念にリサーチ. 独特の視点で歴史を辿る楽しさを語ってくれた. 【8月19日・11:00〜12:00】

大宮の鉄道博物館で保存されている1号機関車の車歴を熱く語る. 司会を務める赤城 隼人さんとのマニアックなトークも3年ぶりの復活だ

藤富 郷 "ぼくらは前パン愛好会"

勇ましい前パンの電車が好きだ！

テレビでおなじみ気象予報士・藤富 郷さんのマニアックなトークライブ. 先頭部にパンタグラフの付いた "前パン" 電車が好きでたまらないという熱い思いをコレクションのNゲージを交えて力説してくれた.
【8月19日・13:00〜14:00】

Lゲージブロックで作る鉄道模型

独自の鉄道模型システム "Lゲージ" に魅せられたモデラーたちによる楽園は, 毎回家族連れに大人気のコンテンツである. ブロックを組み立てて作った建物群をさまざまなLゲージトレインが快走. 今回は鉄道150年にちなみ日本の古今東西の名列車が多数出展され, 好評を博していた.

村井 美樹・久野 知美 "鉄道女子会"

女優・村井 美樹さん. 趣味を生かして鉄道を取り上げる番組にも数多く出演する

鉄道ファンになったきっかけを語り合うとお互い興味深いエピソードが続々と

女性ならではの視点で鉄道趣味の楽しさを語り尽くす

鉄道大好き女優・村井 美樹さんと女子鉄アナウンサー・久野 知美さんに桃ちゃんが合流して, 鉄道旅行の思い出や旅先でのグルメ, 好きな車輌までテンション高くフリートーク. 【8月19日・14:30〜15:30】

女子鉄アナ・久野 知美さん. 鉄道のTV・ラジオMCや自動放送を担当. 著書も多数

女子鉄3人. この "3輌編成" で共演するのは意外にも今回が初めて

豊岡 真澄・オオゼキタク・栗原 景 "恋する！たび鉄部"

アイドル出身ママ鉄として知られる豊岡真澄さん．鉄道の魅力を発信し続ける鉄道文化人だ

「旅に出たい」は，恋に似てる．あなたの"たび欲"を刺激する鉄道トーク．車輌鉄を自認する豊岡さんはJR九州883系"ソニック"や東京メトロ10000系の大ファン．好きな車輌のことを語り合うと思わず話が弾む

ママ鉄・豊岡 真澄さん，シンガーソングライターのオオゼキタクさん，フォトライター・栗原 景さんによる鉄道トーク番組が初登場．ゆるい部活感覚の和やかな会話が好評だった．【8月21日・10：30〜11：30】

栗原 景さん．旅と鉄道，韓国を主なテーマとするフォトジャーナリストだ

オオゼキタクさん．日本の鉄道をほぼ完乗した旅好きで最近は保存車に興味津々

1/87 半田付模型組立教室

コテの熱で半田を溶かして接合する真鍮工作の基本を学ぶ．コツさえ掴めば模型づくりの幅が大きく拡がるだけに勘所を学ぶ意味は大きい

キットを購入して工作指導まで受けられる"お得"な講座．今回の教材は1：87・12mmゲージ，Models IMON製自由形B凸形ELである．川崎車輌製の東急デキ3021（現・上毛電鉄）の特徴をよく捉えたエッチングキットで，パンタグラフ・連結器・動力も付属．組みやすく入門にぴったりの一輌だ．

お子様ジオラマ模型組立教室

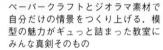

ペーパークラフトとジオラマ素材で自分だけの情景をつくり上げる．模型の魅力がギュッと詰まった教室にみんな真剣そのもの

背景画は夕景と青空のいずれか．バックを差し替えるだけで雰囲気が大きく変わるのもジオラマづくりの面白さだ

誰でも簡単に作ることができるミニジオラマの組立教室が開催された．参加費500円・1時間の教室で，線路のそばに小さな家と樹木をレイアウトし，どこかで見たような懐かしい風景を製作する．Nゲージ線路を使用しているため，完成させたら自宅でそのまま車輌の展示台としても使うことができる．

通票閉塞機展示

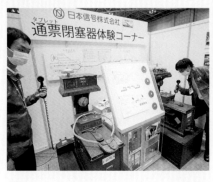

隣駅との間を金属製の円盤"タブレット"を持った列車だけが往来を許される伝統的な通票閉塞．電話器と閉塞器を併用し，厳正な取り扱いによって安全を守ってきた

鉄道の安全を根幹から支えてきた閉塞装置．駅と駅との間で列車が衝突しないよう，地方の単線区間で長年使用されていた通票閉塞器の実物が展示された．製造メーカーの日本信号株式会社の協力によるもので，模擬実演も行われ，専門家ならではの解説が好評を博していた．

フォトコンテスト作品展示

実物の鉄道の姿を記録し，未来へ遺してゆくことは鉄道趣味や鉄道模型を楽しむ上で大切なフィールドワークである．JAMでは2015年からフォトコンテストを開催．今回は"残しておきたい鉄道風景・鉄道車輌"をテーマとし，全国各地から力作が集まった．優秀作を会場展示．入賞以上作品は110ページにてご紹介する．

模型に見る明治・大正の機関車

1872年、新橋─横浜間開通時に海沿いの区間に築かれた高輪築堤のモジュール（1:80）. 石垣造による築堤に加えて独特の腕木式信号機、双頭レール、砂利に埋まった枕木など当時の建設技術を考証して製作した. 風間 伊織さん・谷川 雄介さんの作品

明治・大正期の蒸気機関車が1:80スケールで集められた. 実物がほとんど現存しないこれら古典機も、珊瑚模型店・鉄道模型社・ムサシノモデル・天賞堂など蒸気機関車を得意とするメーカーによって積極的に製品化されてきた. 高橋 和男さんの作品

日本の鉄道150年、そして開業時に走った1号機関車が150形ということで、現在も鉄道博物館で保存されている同機を約1：24でペーパー自作した高橋 亮介さんの作品

日本で初めての鉄道が開通して150年. 今年のコンベンションでは記念すべきこの"鉄道150年"をメインテーマに定め、明治大正期の列車・情景を再現した模型作品を選りすぐって展示した.

渡邊・岩崎コレクション 明治の蒸気機関車

鉄道博物館の協力を得て、わが国鉄道史の至宝"渡邊・岩崎コレクション"の写真展が実現した. 明治30年頃から大正初期に撮られた写真とは思えない鮮明で貴重な写真の数々. 鉄道発達史上重要なもの、設計に特色の強いもの、サイドビューを中心に全紙40枚を展示した.

フードコート

一日中鉄道模型を楽しめ、滞在時間が長いJAMでは会場内にフードコートも設けられている. ダイドードリンコ、峠の釜めしおぎのや、とんかつ まい泉、MILLAN（ミラーン）、洋食 虹カフェ、森永のお菓子の6社が自慢の味を提供. 3年ぶりのコンベンションの飲食スポットとして大いに賑わった.

レールマーケット

この会場でしか手に入らないアイテムも数知れず、メーカーのスタッフと直接話せる貴重な機会でもあり、ここでじっくりショッピングするのもJAMの醍醐味の一つだ

小規模メーカーを中心に30社が集結した物販コーナー"レールマーケット". 模型店でもなかなかお目にかかれないブランドが多く、JAMで初売りとなる新製品や限定品も目白押しで連日大盛況だった.

ホビーメイトオカ発売、TOYOMODEL製東武8000系初期車の真鍮キット〔16番〕

トーマモデルワークス製コッペル4トン〔HOナロー〕と、南薩4号機〔N〕. 共に3Dプリント成型のキットである

出展社一覧
IORI工房・イーグルスMODEL・エヌ小屋・CASCO・銀河モデル
京神模型・幻想鉄道とR工房・甲府モデル・工房さくら鉄道・城東電軌
庄龍鉄道・タムタム・模型工房たぶれっと・TSUKURIBITO
トーマモデルワークス・南洋物産・梅桜堂・模型工房パーミル
フジドリームスタジオ501・ビバン模型製作所・プレイテクノス
株式会社朗堂・ホビーメイトオカ・まねき屋 模型・みやこ模型
モデルアイコン・モデルトレインプラス・夢ソフトウェア工房
Rail Classic・株式会社ワンマイル

夜行運転デモンストレーション

ブースの外側ではブルートレイン"北斗星"はじめ室内灯を組み込んだ列車が整然と並ぶ

1:87・12mmゲージ車輌を使い，会場内に暗室を特設して夜行運転を魅力的に紹介するブース．発熱や球切れの心配が少ないLED照明の普及によって，ひと昔前では考えられない実感的な電飾が楽しめるようになってきた．明かりを灯して走る夜汽車の情緒は鉄道模型の魅力を大いに高めてくれる．

レイアウトセクション "蒸気機関車のいる周辺"

今年6月に60年の歴史を閉じた大阪・梅田の老舗マッハ模型の店頭を飾っていたレイアウトセクション"蒸気機関車のいる周辺"が点燈可能な状態に補修の上展示された．『鉄道模型趣味』誌で長年編集を務めた中尾 豊さんが1969年に製作したもので，地面の製作方法を中心に多くのモデラーの指標となった名作である．

岸本 利夫 蒸気機関車作品展示

技巧を集大成した究極のシゴナナ，C57 145（1:80・13mmゲージ）

C62 26（1:80・13mmゲージ）

大阪マッハ模型で展示されていた蒸機製作の名手，岸本 利夫さんの作品展が開催された．鉄道模型誌各誌の巻頭を彩ってきた端正なスーパーディテール機はパーツに至るまでフルスクラッチに近い大作揃い．確かな工作力と豊富な知識，緻密な考証の結晶である．

日本形はもちろん，アメリカ形蒸機にも卓越した手腕を発揮．チェサピーク&オハイオ鉄道H-8アレゲニー，H-7，H-6など（1:87・16.5mmゲージ）が展示された

JAM直売所

JAM2022オリジナルのポロシャツ，トートバッグなど多彩な記念グッズが発売された

出入口そばに設けられた直売所はノベルティを買い求める来場者で賑わった．モデラーにとってもスタッフにとっても，今回は3年ぶりの待ちこがれた特別なJAMだった．

JAMっ娘撮影所

1872年の新橋ー横浜開業時に走った1号機関車と，現代の京浜間を走る電車の中で最も新しい横須賀線E235系をモチーフにしたコスチューム

今回のJAMっ娘は"壱華ちゃん"と"須賀マリンちゃん"．壱華ちゃんは1872年の新橋ー横浜間開業に際して英国から輸入されたバルカンファンドリー製1号機関車が，須賀マリンちゃんは横須賀・総武快速線の新形車輌E235系1000番代がそれぞれモチーフになっている．会場内には撮影所も設けられた．

メーカー・ショップ大集合
企業出展

国際鉄道模型コンベンションは，モデラーとメーカー，ショップとの交流も開催目的の一つに据えている．新製品は常にモデラーの関心の的であり，メーカーはモデラーの声を直接聴くことで今後の製品づくりにフィードバックできる．40を超える企業ブースがひしめき，これだけのブランドが一堂に軒を連ねるのはJAMならでは．（価格はいずれも税込）

メディカル・アート

ゲージを問わず，英国形全般を取り揃えたラインナップは専門店ならでは

新製品に交じってヴィンテージモデルの展示販売も

ホーンビィ製品の正規輸入代理店として，同社製品をはじめとした英国形の販売を手掛けるメディカル・アート．2003年から東京都練馬区に店舗を構え，英国形をサポートする専門ショップとして親しまれている．会場でも洗練されたディスプレイでその魅力をPRしていた．

アルモデル（N）

KATOポケットライン用動力を利用する自由形"とても簡単な〜"シリーズのエッチングキット2種．左の"川崎B凸"は2,090円，右の"LRV【Bタイプ】部分低床車"は2,640円

キングスホビーブランドの旧型客車2種．手前からスロ34 1〜（スロ30750），スシ28 1（スシ37740）で，"富士""燕"といった戦前の特急列車にも使用された古豪である．各4,290円

金属キットを精力的に発売しつつ，他社製プラ製品の展開に合わせた加工パーツなどもフットワーク良くリリースする同社．ブースにもキット・パーツが所狭しと並んでいた

真鍮エッチングキットを展開するアルモデル．小形動力の豊富なラインナップも支持を受けている．今回はNの川崎B凸・部分低床LRVが会場初売りとなったほか，近年事業を継承したキングスホビーブランドの旧型客車キットもスロ34 1・スシ28 1が新規リリースされた．

わき役くろちゃん

新製品のNゲージプレミア人形

1:80 "食堂車の人たち"と搭載例

人物模型，樹木，LED照明などレイアウトアクセサリーを販売．人物模型は3Dプリンター成型で，アクリル絵具で手作業で彩色している．

ワールド工芸（N・16番）

16番のED42形キット．既発売の1〜4号機と新発売となる戦時型タイプAの組立見本（右）を展示した．86,900円

16番 秩父鉄道のデキ500（506・507）キット．12月以降発売予定で予価55,000円

NゲージEF55形キットにリニューアル品が登場．原型に近い姿を再現しコアレスモーターの新動力を搭載する．18,150円

シャープな真鍮エッチングを得意とし，Nゲージから16番，HOナロー，キット/完成品と金属模型の魅力を発信する老舗メーカーである．

KATO （特記以外N）

デビュー30周年，引退10周年の節目に300系新幹線を製品化．シングルアームパンタ化された0番代3次車がモデルとなる．16輌セット特別企画品46,530円

JR東日本E129系（0番代4輌17,600円，100番代2輌10,780円）と，12月予定JR西日本の221系リニューアル車霜取りパンタ編成 嵯峨野線（4輌15,180円）

HOユニトラックのスライド線路．212～252mmの間で長さ調節できる可変長線路で，モジュール連結部などに好適．2023年1月予定で3,300円〔16番〕

JR貨物の背高コンテナ20Dは，2021年製造のCIMC（中国国際海運集装箱）製個体がプロトタイプで12月予定．5個入1,210円．40ftハイキューブコンテナ・ONE（マゼンタ）は2個入1,430円

日本のNゲージのパイオニアであり，業界をリードする総合メーカーKATO．日本形・欧米形，16番モデルも含め完成度の高いモデルをコンスタントに送り出し，線路やレイアウト用品まで幅広いファンを獲得している．最近では新たな試みとして，STEAM教育を意識した各種素材のキット商品もリリース．会場ではいよいよ最終章に突入する"飯田線シリーズ"旧形国電をはじめとした車輌製品をはじめ，HOユニトラックや制御機器の予定品も展示されていた．

飯田線シリーズ旧形国電最終章として"流電"クモハ52が付いた編成が登場．第1弾は狭窓001・002を先頭とする4輌編成で，同形でも奇数・偶数の違いはもちろん細部の形態差を追求した．12月予定で19,030円

東京ジオラマファクトリー （N）

色味も的確に選択されており，無塗装でも違和感はない

1:150ストラクチャーを手掛ける新進メーカー．カラー硬質紙によるレーザーカット済みペーパーキットで，ビギナーでもパズル感覚で取り組むことができる．製品展開はハイペースで，JAMの会期中にもニューアイテム"洋館カフェ"がお目見えしていた．

シモムラアレック

"職人堅気"のシリーズ名で，精密模型工作工具を専門に扱うシモムラアレック．特定の工程に特化したラインナップが特色で，鉄道模型に活用できるアイテムも豊富に揃っている．最新製品としてエッチングパーツ折曲用プライヤーや超荒目×超細目を組み合わせた棒ヤスリ，各種加工時の台座に便利なラバーベースなどが先の静岡ホビーショーで発表され，JAM会場で販売された．

アドバンス （Z）

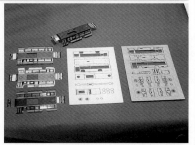

近年お馴染みとなったレーザーカット済みペーパーキットだが，中でも市販品の少ないZゲージ用ストラクチャーを積極的に展開して好評のアドバンス．会場では参考出品とした上でUVプリンターを活用した着色済Zゲージストラクチャーと路線バスの試作品を展示．新展開へ意欲を見せていた．

クラフト木つつ木

バスに関連するアイテムをラインナップし，ペーパークラフトや各種スケールのバスコレの中古品，バス関連書籍，その他グッズなどを販売．

天賞堂（16番）

真鍮製ハイグレードモデルでは門鉄デフ付きC57 11が冬に発売予定．手前が特急"かもめ"牽引指定時で、デフに波模様が入った時代の姿．奥は山陰へ転じた晩年仕様で集煙装置やスノーブラウが付いた重装備となる．価格未定

プラ製電車シリーズの新顔となる小田急7000形LSE．連節構造検討用モックアップが展示された．原形・更新車・復活塗装の3種が2023年上半期に発売予定で価格は未定

T-Evolutionシリーズ東武6050系．車輪等がプラ製のディスプレイ仕様で別売部品により動力化可能．標準色・6000系リバイバル色それぞれに1基パンタと2基パンタを設定，2輌セット予価各15,730円

16番真鍮高級模型の代表格，天賞堂．近年では走行化に対応したプラ製ディスプレイモデル"T-Evolution"シリーズをロープライスで提供し，16番モデルの間口を広げている．会場でも同シリーズの東武6050系やプラ製の185系・小田急7000形，真鍮製ハイグレードモデルのC57 11など，様々な新製品を展示していた．

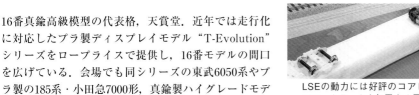

LSEの動力には好評のコアレスパワートラックを起用する予定

MODEMO（N）

JAM会場限定品として東京都電7000形更新車の城北信用金庫ラッピング車（7707号）が発売された．8,690円

プラモデル大手ハセガワの鉄道模型ブランド MODEMO．1990年代に鉄道模型製造に参入してはや四半世紀，企画・設計から金型加工まで一貫した生産技術力を生かしてNゲージ路面電車や16番プラ製品を中心に独自の地位を築いている．

鉄魂模型（N）

CHANG MING製の中国新幹線，CRH5型和諧号8輌セットが販売された．34,650円

こちらもCHANG MING製のCRH1A型．8輌セット31,900円

2019年に東京都中野区で創業した鉄魂．日本形Nゲージの通販を中心としつつ，中国形の輸入販売も行っている．

マイクロエース（特記以外はN）

新京成8800形『ふなっしー』トレインタイプの試作品を展示．千葉県船橋市で活動する人気ゆるキャラのコラボラッピングを再現したモデルで，高度な塗装印刷技術を駆使．6輌セットで予価35,310円　©ふなっしー

近鉄26000系"さくらライナー"4輌セット，予価21,560円．完全新規設計で更新後の姿を模型化し，第1編成と第2編成の違いも作り分けて2種ラインナップする

プラモデルメーカー有井製作所をルーツとし，1996年に鉄道模型に本格参入したマイクロエース．プラ完成品ではまず製品化が叶わないと思われていたマニアックなアイテムを続々とリリースしており，ファンの心を捉えた細かな企画力と作り分けを得意とする．

1970～80年代に流行した1:80の懐かしい103系プラモデルを復刻再生産．モハ102形の床下機器は金型を再作成する．安価で作り甲斐のある16番素材として格闘したモデラーには実に嬉しいリバイバル

JR東海371系を譲受して登場した富士急8500系"フジサン特急"，そして阿武隈急行の新車AB900系の製品化が会場で発表された

今年のJAMテーマ"鉄道150周年"に沿って、同社の1号機関車と客車を利用しつつスタッフが製作した高輪築堤．なお現在、1号機関車の再生産予定はないとのこと

エクスプレスショップはやて

ジャンルを問わない鉄道グッズの買取・販売ショップとして東京・田端に店舗を構えるエクスプレスショップはやて．その取扱品目はサボ・方向幕などの実物部品から鉄道制服，きっぷ，鉄道玩具，書籍・映像作品まで多岐にわたっている．もちろん鉄道模型もそのひとつだ．JAMでもその幅広い守備範囲を活かし，子供たちからベテランファンまで幅広い来場者で賑わっていた．

株式会社 交通趣味ギャラリー

東京・新橋に本店を構え，実物部品をはじめとする鉄道関連アイテムの買取・販売ショップとして長年定評のある交趣ギャラリー．JAM会場でもサボや駅名標といった実物部品が存在感を放っていたが，模型車輌も近年の製品からかなりの年代物まで揃っており，掘り出し物を求めて多くの来場者がブースを訪れた．

日本鉄道模型の会

今回はポスターのみの展示．2023年3月に池袋にて開催する第8回 鉄道模型芸術祭のPRが行われた．

インフォトランス

グラフィックデザインを行う会社．会場ではTシャツや鉄道の精密イラスト，新幹線の顔を模したモバイルバッテリーなど鉄道雑貨を中心に販売していた．

株式会社 CoolProps

© 2022 Gullane (Thomas) Limited.　© 2022 HIT Entertainment Limited.

人気の『きかんしゃトーマス』シリーズ公式ライセンス商品として，人形劇時代のテレビシリーズで使われたトーマスの撮影用モデル（1番ゲージ）のレプリカを製作．予約購入を受け付けるとともに，予定品のビルとベンもテストショットを展示した．

アネック

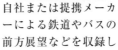

自社または提携メーカーによる鉄道やバスの前方展望などを収録したDVD・ブルーレイを販売．黒部峡谷鉄道など通常は撮影が困難な路線の運転席展望もラインナップ．映像作品のバリエーションは場内でも随一で，会場限定の特価品もあった．

Models IMON

各社製品・パーツをはじめ，同社オリジナルの車輌収納箱などを販売．先頃閉店したマッハ模型の工具類も販売され，人気を集めていた．

電車ごっこグループ

各社の鉄道模型製品をはじめ，レイアウト用品，書籍，映像作品，鉄道雑貨まで幅広い商品を販売．

レボリューションファクトリー（N・16番）

ナンバーなどのインレタ，エッチングパーツ，ステッカー，インレタなどオリジナルパーツを製造販売．膨大なランナップの自社製品がファイルに収納され，閲覧しやすいように工夫されていた．

動輪堂

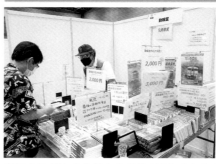

自社オリジナル作品となる約100タイトルの映像ソフトを販売．新作となる"最後の国鉄形電車"のブルーレイ版・DVD版も販売された．

機芸出版社

日本の鉄道趣味をけん引してきた『鉄道模型趣味』（TMS）をはじめとする雑誌・書籍を展示・販売．創刊75周年記念号となったTMS 2022年9月号のほか，貴重な絶版本や希少本も頒布した．

鉄太郎電鉄（5インチ）

5インチゲージの受注生産を行うメーカー．全長1,200mm，吊架式4モーターのED75 305を展示したほか，貴重な0系新幹線の実際の設計図面の一部も展示されていた．

株式会社 エリエイ

月刊鉄道模型誌『とれいん』をはじめ，ファンの視座に立った資料性の高い鉄道図書を豊富に刊行するエリエイ．会場では先般発売された『模型塗装大全』『旧型国電 模型工作控え帳』をはじめとする同社刊行物や模型製品の販売，誌面掲載作品の展示などが行なわれ，多くの来場者で賑わっていた．

ミニチュア人形のYFS（HO・N・Z）

秋葉原に店舗を構えるミニチュア人形の専門ショップ．100体以上をワンセットにした乗客フィギュアなど，鉄道模型の世界に人の息吹を与える魅力的なアイテムを多数取り揃えている．JAMでは新進気鋭の都市モデラーMAJIRIさんとコラボレーションし，同氏の作品展示のほか，MAJIRIさんの手塗りによるフィギュアなども販売された．

RMモデルズ

月刊誌『RM MODELS』をはじめとする各種鉄道雑誌，書籍などを販売．Twitterで公開されているらつた氏の作品"オオカミが電車を運転するだけのマンガ"のパネル展示も行われた．

MONTA

Models IMON秋葉原店に隣接する中古・委託・アウトレットに特化した専門店．活発な中古市場に大きく貢献している．

トミーテック（特記以外N）

TOMIX蒸機の新作C55. 1978年版カタログに予定品として掲載されたものの幻となっていた形式が44年ぶりに製品化. 3次型密閉キャブを模型化. 12月予定で17,600円

新潟ローカルの新鋭車輌E129系. 0番代4輌セット17,820円, 100番代2輌セットは動力付11,440円・動力なし7,920円

築堤付カーブレールを会場発表. R1641という大径曲線で, カントも設けられ走行車輌の魅力を引き立てる. 12月以降発売予定

16番キハ40形. プロトタイプはJR北海道のワンマン更新形1700番代で, タイホン撤去後の姿. JR北海道色（動力付29,040円・動力なし16,940円）, 国鉄一般色（2輌セット46,420円）が順次発売〔16番〕

ブランド発足当初から組立式線路によるトータルシステムを打ち出し, 日本でのNゲージ普及の立役者となったTOMIX. 同ブランドを擁するトミーテックでは, 2000年代以降 "ザ・バスコレクション" を嚆矢とする "ジオラマコレクション（ジオコレ）" シリーズも立ち上げ, 鉄道・情景関連製品の二本柱となっている. JAMではTOMIXの大径カーブ築堤や, 鉄道コレクションの西武山口線おとぎ電車が大きくフィーチャーされ, その他の試作品も多数ディスプレイされた.

手塗りイメージ

鉄コレ ナローゲージ80シリーズの西武山口線. B12＋オープン客車・B15＋密閉客車の2輌セット2種（各6,600円）と, オープン客車・密閉客車それぞれの増結2輌セット（各5,500円）が用意される. 写真は試作品〔1:80／9mm〕

PLUM PMOA（16番）

開発中の209系キットの試作品を展示. 塗装や組立を簡略化した "Plakit-Extra" シリーズでの発売を予定しており, 走行化前提の構成に. 京浜東北色と房総色が用意され, 11〜12月順次発売予定

201系キットのバリエーション展開となるカナリアイエローとスカイブルー. それぞれ新規デカールが付属する. 価格は先頭2輌セット, 中間2輌セット共に13,750円

新発売の国鉄キハ20形（9,900円）の組立見本. 成形色のキットだが, カラーバリエーションの作例も展示された

フィギュアを得意とするPLUMが2021年に16番鉄道模型に進出. プラモデルの最新技術を駆使した201系ディスプレイモデルから始まって, 次々にラインナップを拡充して注目を集めている.

グリーンマックス（N）

完成品のJR東海311系（2次車）. 完全新規金型でシングルアームパンタ化後の2009〜2020年頃を模型化. 4輌セット23,430円, 8輌セット41,250円

阪急7000系（リニューアル車・神戸線・7013編成）. 扉形状の変更を機に全面新設計に改まり, 京都線とは異なる車体幅も作り分ける. 8輌セット43,120円

格納庫（倉庫）キットの組立見本. 1980年代の同社カタログに掲載された予定品が30年以上の時を経て復活. 3,300円

未塗装エコノミーキットに待望の完全新アイテム, クモハ11400・クハ16400が登場. ドアや一部窓枠は別パーツで, 最新技術を駆使したファインモールドに生まれ変わった. 動力・台車・パンタ別売, 2輌セット4,510円

Nゲージプラキットメーカーの老舗グリーンマックス. 2000年代以降は完成品モデルに注力しているが, コアレスモーターによる新動力ユニットへの世代交代に続いて, このたび伝統の板キットに現代の成型技術を結集した最新作がお目見えした. 精緻なファインモールドと洗練された走行性能は板キットにも新風を吹き込むことだろう.

株式会社 ディディエフ

オーダーメイドジオラマ・レイアウトの製作を主軸に，ジオラマ用品などのオリジナルアイテムも展開するディディエフ．LEDイルミネーションを搭載した巨大な観覧車モデルは，同社ブースのランドマークとしてお馴染みだ．会場では，その新たな仲間として現在開発しているという回転遊具のモデル"スカイホイール"を参考展示．シーナリーに光と動きの演出を加える好アイテムで，今後が注目される．

モーリン

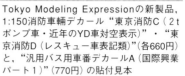

Tokyo Modeling Expressionの新製品，1:150消防車輌デカール"東京消防C（2tポンプ車・近年のYD車対空表示）"・"東京消防D（レスキュー車表記類）"（各660円）と，"汎用バス用車番デカールA（国際興業パート1）"（770円）の貼付見本

1:80都市型ホームキットに屋根付き中間部が追加された．ホーム本体（4,950円）にはあらかじめ開口部が準備されており，別売の階段部キット（1,100円）を追加することで地下へ降りる階段を再現できる

バラストや水面・雪素材，スタイロフォーム等々，汎用性の高いシーナリー用品を展開するモーリン．JAMでは先般ペーパーキットで製品化された1:80プラットホームのバリエーションが追加されたほか，Tokyo Modeling ExpressionブランドのNゲージミニカー用デカールも各種販売された．

ペアーハンズ（Oナロー）

Oナローの新製品．左から小型家庭用ハイブリットGL，オープンキャブGL-2，田舎の買物ガソリンカー．いずれも9mmゲージの市販動力を組み合わせるキットで，ユーモラスなデザインが楽しい

Oナロー，HOナロー，Nゲージの各スケールで自社オリジナル製品をはじめ，他社の中古品なども販売した．

ホライゾンズ（HO）

YU XIANG RAILROAD MODEL製台湾鐵路管理局E200・E300・E400型電機と，同セメント貨車P35CH3000型

SINO Model製中国鉄路の2車体貨物機東風4E（DF4E）を輸入販売．

"日本と台湾の架け橋になる"を標榜し，台湾の鉄道業界で車輌部品製造や車輌調達を行うホライゾンズ．2021年7月に創業したばかりの会社だが，大阪に本社を置いて鉄道模型の販売・輸出入も手掛けており，台湾・中国の現地モデルをいち早く日本市場に導入している．

ホビーランドぽち

関東〜九州にかけて10カ所以上の実店舗を構える中古鉄道模型ショップ．定期的に即売イベントも開催して商品の回転率も高く，特にNゲージファンから絶大な支持を得ている．JAMでもブースにはN車輌を中心とした中古商品のケースがズラリと並び，3日間を通して熱心なファンで賑わった．

アクラス（16番）

マニ36・スハ32．同社では以前から発売している車種だが，今回イベント限定品としてMDF製床板とエコーモデル製床下機器，日光モデル製台車を添付したキットが販売された

先行販売された205系塗装済キット．ステンレスの地色が3トーンの銀色で塗り分けてあり，ラインカラーは別売デカールで各線区に対応

様々な世代の国鉄形車輌を16番プラ製品として展開するアクラス．アイテムによってキット・完成品の形態を柔軟に使い分けている．旧形客車の会場限定キットを販売したほか，205系電車の塗装済キットも先行販売した．

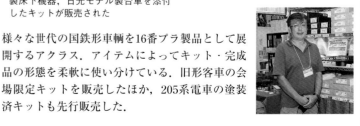

トラムウェイ （16番）

8620形蒸機の追加ラインナップ．写真左から台湾タイプ（49,280円），Sキャブ・450立方炭水車（49,280円），お召仕様（52,580円）で，他に門デフ・深い乙キャブ（49,280円）も発売

14m級電車プラキット．山梨交通モハ7・8（→上田丸子→江ノ電）を思わせる自由形である．4種の塗装済キット（5,170〜6,160円）と未塗装キット（3,960円），専用動力装置を予定している

12月発売予定のコキ5500（コンテナ4個積改造後）試作品．コキ27000〜28539がプロトタイプで台車はR63F．C21コンテナ4個付8,690円，コンテナなし2輛セット14,190円である

大柄なLPガス専用タンク車タキ25000．モア・トラムウェイの共同企画アイテムで，車番違い3種＋車番選択式の計4種を設定，2輛セットで20,790円

外国形モデルの輸入販売に端を発し，近年では16番を中心としたオリジナルのプラキット・完成品を精力的に企画しているトラムウェイ．JAM会場では8620形をはじめとする発売予定アイテムの試作品展示のほか，アウトレット品などの格安販売も行ない，16番・HOファンに好評を博していた．

製品化決定の101系・EF61・EF80（1次ヒサシ付）

ロクハン （Z）

初めての製品化となるEF58．第1弾はJR東日本の61号機で，今後のバリエーション展開も予定しているとのこと．12月下旬発売予定．予価19,580円

EF63は1次型が青，2次型が茶色で登場．先に発売されている489系や115系との併結運転が楽しめる．重連セットで各19,800円

縮尺1:220，軌間6.5mmと，数ある鉄道模型の中でも最小規格のZゲージを製作しているメーカーである．車輛はもちろんのことレール，制御機器，ストラクチャーとトータルに展開．同社の貢献により，Zゲージにおいても車輛やレイアウトを自由に楽しめるようになってきた．

Models IMON （HO1067）

EF66の試作品．特徴的な前頭部はロストワックス成型の組み合わせ

大宮所属9600形の特徴を備える69636号機．ノーマルが365,200円

オシ17 2・7・13・24の試作品．製造時期ごとに異なる窓配置までこだわって作り分けられる

プラ製オハフ33の試作品．ぶどう1号，ぶどう2号，青15号の3色を展開予定

157系の貴賓車クロ157の試作品

会場での半田付模型組立教室の教材となった，新発売のB凸電機キット．キットにはパンタグラフや連結器，動力も付属する．19,910円

C55のバリエーションとして，流線形改造機30号機を発売する．ノーマルが380,600円

HOの縮尺1:87に則って狭軌車輛の繊細なプロポーションを追求できるHO1067．Models IMONがメーカーとして特に力を注いでいるジャンルで，目を見張る勢いで新製品の開発が行われている．

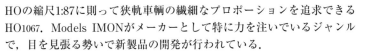

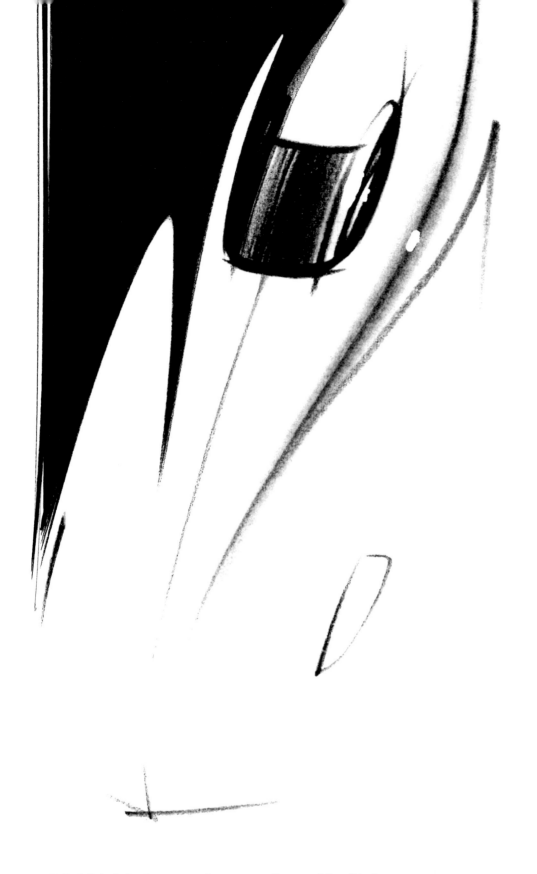

「新幹線をデザインする仕事」

2022.08.20

インダストリアルデザイナー
産業技術大学院大学名誉教授
エイアンドエフ株式会社顧問

福田 哲夫

日本の鉄道発祥から150年，このような節目の年にお話する機会を頂き感謝いたします．

　鉄道は，大切な社会基盤でありシステムです．明治時代に敷設されたレール，駅舎，車輛も入れ替わり，鉄道を支えて来られた人たちも世代交代を繰り返します．それでも毎日安全運行が続けられるのは，鉄道を担う人の熱い思いと確実な技術伝承の成果だと思います．今日のお話が車輛デザインと鉄道の未来に繋がれば幸いです．

高速車輛のデザイン

高速車輛のデザインは「風」をテーマに，環境騒音の低減など設計条件の検討から始まります．それゆえ形態は，必然的に「流線形」となります．そして陽光を浴び車輛全体が美しい陰影で構成されるよう3D-CAD や1/20，1/10縮尺モデルによる評価を繰り返し，外形を作り込みます．

　当初よりTDO（トランスポーテーションデザイン機構）のメンバーとして活動しておりますが，新幹線プロジェクトへの携わり方はそれぞれ異なります．現在は東海道新幹線が中心となり，私の一番大切な仕事の１つとなりました．その車輛は山陽新幹線や九州新幹線にも採用され，さらに西九州新幹線にもN700Sが導入されるなど，そのDNAが脈々と伝承されていることを嬉しく思います．JR東日本では，新在直通の山形新幹線400系"つばさ"からはじまり長野行き新幹線E2系"あさま"，東北新幹線では二階建て MAXのE1系，E4系に続き，E5系から北海道のH5系など，主にエクステリアデザインに携わりました．

東海道新幹線車輛の先頭形状とDNA

今年は"のぞみ"登場30周年に当ります．先ずはその初代300系の先頭形状の開発からデザイナーとして携わってきたお話をさせて頂きます．提案は，スケッチ三案から1/10モデルを作り，風洞実験の結果を得て空力特性の良い"ワンモーションフォルム"の案が採用されました．空力を前提とした開発は300系の頃すでに始められていましたが，まだまだ形態優先の時代でした．デザイン会議における，本格的な空力に関する取り組みは700系からとなります．

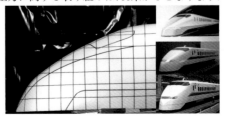

この700系プロジェクトでは, 初めて複数の航空力学の専門家チームが招聘され, デザイナーの定性的な提案は, 論理的サポートとその後の風洞実験による定量的な評価を得て, ようやくプロジェクトの俎上に載ることとなります. 時代のイメージは, 亜音速時代の水滴型から超音速時代の楔形へと進化したものの, そのどちらも単純な形では音と揺れの問題解決には至りませんでした. そこで提案したのが300系の楔形に翼断面を複合したような流線形でした.

これは頭の中に点在した「暗黙知」のようなものが, 突然一つの解決策として結びついたものです. 運転席を凸部に, 台車との間に凹部を設け断面積を調整します. この"エリアルール"のひらめきは, 子供の頃から大好きだった飛行機のソリッドモデル作りにありました. 模型趣味も役に立つものです. 当時の図面はまだ半分手作業でしたが, その後3D-CADも登場し普及する様になります. ところが互換性もまだ難しい時代, ソフトウエアの違いから往生した事も度々でした. 今では修正作業も一瞬で, 隔世の感があります.

デザイナー側からの仮説提案は, 先頭車でトンネル微気圧波など環境騒音を低減させ, 後尾車では横揺れの抑制に成功します. 特に横揺れの抑制は, 風洞実験の結果がデザイナーの仮説通りとなり驚かれました. 暑い夏の午後でした. 一本の担当者からの電話で「止まったー!」と言う言葉に身振いしたことなど鮮明に覚えています. 鉄道車輌のデザインをやり切った感じでした.

これまで機能的なモダンデザインは"形態は機能に従う"との考え方が一般的でした. 蒸気機関車の様にボイラーや煙突, 動輪など機能+機能の組み合わせが形になるようなものです. 一方で, 先程の700系先頭形状のように, くさびと翼など形+形の組み合わせが騒音値を下げ, 横揺れを止めたことから, 後進のデザイナーたちには"形態は機能を生み出す"と伝えています.

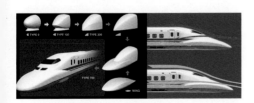

この700系を皮切りに世界中の高速車輌のデザインが変わっていくのはご存知の通りです. 今日では, 地球温暖化防止の面から環境性能は勿論のこと, 高速化と同時に解決すべき項目は増え続けています. したがって技術進歩と同時に形状の進化は必然のこととなりました. これらの知見は, 次世代の N700 系へ受

け継がれ, N700Sでは先端両脇に凸型の峰を強調する形状で, 更なる性能向上を図ることができました.

先頭形状の空力性能と運転席の安全視界

先頭形状の空力的考察には, 安全運転視界の確保から前面窓ガラスの大きさや角度, 運転席の位置や高さのデザイン等が重要となります. 機器配置は, 誤操作が無いよう基本的に踏襲しますが, 機器の進化に合わせた監視系, 操作系などを考えます. シートのデザインには, 女性運転士の方々の体格にも配慮した寸法, またレバー類には扱いやすい形を提案しています.

錯視効果でゆったりと快適なインテリア

700系グリーン車の天井パネルです. 皆さんはどの位の深さに見えますか? 20～30cmに見えませんか? ……実際には僅か10数cmほどで見た目よりも浅いのです. 高速車輌では走行抵抗 (Cd 値) を抑えるため車体断面を小さくします. しかし5人掛けの車体幅は変えられないので屋根高さを低くしながらも圧迫感のない空間として仕上げます. 私達は経験上ア

ーチ形に弦との距離を感じるので間接照明の陰影とともに天井の奥行きを感じるようデザインしました. 心理的な空間の拡大には, 錯視効果を狙います.

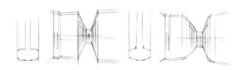

2例目の錯視効果はN700系の出入り台です. ここにはトイレ・洗面所, 機器室やゴミ箱などの壁があり狭い空間となっています. 少しでも圧迫感のない空間にと, 入り口は楕円平面の床から壁を立ち上げ四方を一体感ある空間として意識させ, 出隅の R は大きくし, キャリーバックや車販用ワゴンによる傷を最小限に抑える工夫でもあります. 通路の幅は, 手前を曲面壁として広げ, 奥行きを長く見えるような工夫を施しています. このように出入口はビスタの効果, 通路はパースペクティブ効果を狙い, 実寸法以上にゆったりとした空間としてN700Sに踏襲しています.

風・音・光で 五感に訴求するインテリア

音:先頭形状の環境騒音低減だけではなく, 室内の遮音吸音対策など騒音改善にも取り組みました. 今では当たり前となった騒音値 (dB) から周波数帯 (Hz) への評価基準などプロジェクトとしても早くから取り組み, 成果を上げています. 凹凸や曲面による床, 壁, 天井はフラッターエコーの低減, テーブルステーやコートフックの小さな部品にもダンパーやトルクヒンジを用いてソフトな動きで静粛性を向上させました.

光:包み込まれる様な側壁の曲面形状と個別の間接照明による演出は, 眩しくなく目に優しい照明として, 省スペースでも圧迫感のないプライバシーを感じる落ち着いた客室空間としています. また調光機能付きの荷棚照明は, 乗降を促しながら荷物の置忘れ防止を狙っています.

風:効率が良い空調吹き出し口は壁裏に隠し,

視覚的なノイズを軽減するなど，五感に訴求するインテリアにおいて空調の考え方は重要です．

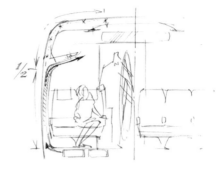

図は荷棚下吹出し口の提案です．これまでも温度センサーや吹出し口位置の改良をするなど省エネルギー化を目指して提案を続けています．300系で天井面にあった吹出し口は，700系で荷棚下へと配置し効率の良い空気循環を確認しています．N700系ではさらに吹出し口を薄く，ついにN700Sでは側壁との隙間から吹出す構造として吹出し口を視界から消し去り，お客様の視聴覚的ノイズの削減効果を狙いました．この荷物棚下の位置へのメリットは三つあります．一つは風導管長さの半減で"軽量化と低重心"がプロジェクトの目標に近づくこと．二つ目は部品・在庫管理/組立工数の半減が人件費の削減など"原価低減効果"につながること．三つ目は空気循環を効率よく促し，快適になること等．今やこの荷棚下空調吹出し口位置は，700系を境に，各社新幹線車輌の定番となりました．

グリーン車と普通車の背座シンクロ型シート

東海道新幹線用シートの特徴は，背座シンクロリクライニング機構にあります．背もたれを倒しても背中のシャツが上がることもなく長距離移動にも疲れないシートで，普通車用としても採用されています．その他スライド式大型テーブルから小さなフックまで可動部の静粛性，安全な曲面形状，足元空間の広さや幅広いフットレストなどが特徴です．普通

車の内装色は基本的に寒色系の爽やかなビジネスマン用の色彩に，グリーン車は落ち着きのある暖色系と差別化を図っています．その思想は車輌の世代交代にも変わりません．他ではあまり見られないことと思います．

清潔で使いやすいトイレのデザイン

N700Sのトイレが画期的なのは，0系以来の型割りを90度変え全体の大きさを変えずに床面積を拡げ，足元空間を広く使い勝手を良くし作り方を一変させたことです．それはまた斜め目地と対比色，滑らかな曲面壁で境目を曖昧にして室内を広く見せる錯視効果でもあります．照明や空調吹出し口は，壁の目地に設けた隙間に隠し見せない工夫を施しています．

手元に集中させた操作系のユニットは，ひと目で分かりやすく誰でもが使いやすいユニバーサルなデザインとしました．これらの工夫により，コンセプトである「視覚的なノイズ」を抑えながら清潔で快適な空間とすることに成功しています．

このように N700Sは，技術伝承されたノウハウの集大成であり，随所にお客様への細かな配慮が施されています．300系以来の"のぞみ"30 年の技術開発から生まれたデザインと技術の融合である感性品質を，是非一度ご体感ください．

車輌外観の色彩とアイデンティティ

車輌外観の色彩は，企業のアイデンティティであり路線別の表象でもあります．コンセプトを"山形発"とした新在直通の山形新幹線400系"つばさ"は，銀色の車体に四季折々の

沿線風景を映して走ることをイメージした提案です．この頃は，色彩に頼ることなく形態で訴求することを考え，色彩は銀+灰色と落ち着きのある佇まいで，差し色には自然の緑を配しています．

世界に発信する新しい新幹線色システムの提案

春はあけぼのやうやう白くなりゆく山ぎは...と，枕草子・第一段より引用し，塗色の意味についてイメージを共有できたのは，長野行き新幹線 E2 系"あさま"の提案からでした．丁度長野オリンピック開催時期と重なるので世界中に配信される白黒写真でも，新しい新幹線だと識別できるよう上下分割の塗り分けとしました．それはこれまでの国鉄時代のシステムから解放された瞬間でした．その後の展開では E4系を黄色，200系改造では緑というように中間の帯色により車種別の統一感を持たせています．この200系は，13年目の先頭車改造を行い，運転室の窓ガラスは，初代0系の元となった試作車 1000 形へのオマージュとして曲面ガラスを使用し風の流れを制御，環境アセスメントの値をクリアし10 年の延命につなげています．上下塗り分けの車体色とともに精悍な表情に仕上げました．

更に時が過ぎ，E5系登場時には，E2系以来の上下塗り分けを踏襲しながらも，明るさを上下反転させ，次世代の色彩計画として［緑］のコーポレートカラーによる展開を試みました．これらは，試験車のE954系（FASTECH 360S）を継承しながらも，E5系，H5系の色彩計画へと続く量産性を考えた明るい色調としています．

これら色彩の統一システムは，既にJR東海の在来線においても継承されています．キハ85系は，次世代ハイブリット車のHC85系"ひ

だ"に置き換えられても，変わらぬ白+オレンジの組み合わせが信頼と安心の旅を表象しています．

色彩システムは信頼性と安心感の表象

0系からの伝統を受け継いだ東海道新幹線の色彩システムは，白い車体に青い帯色として，最新のN700Sまで変わらずに親しまれる色となっています．世界中から来訪されるお客様にも迷わずに京都・大阪を経て博多まで行けるという信頼性や安心感は，大切な要素と考えています．また，基本仕様が同じ車輌でもデザインが微妙に異なるのは，利用客層の違い，標準化と差別化など各社の経営戦略であり，採用されるデザイン哲学の違いによるものともいえるでしょう．

在来線における色彩システム採用までのプロセスにおいてもアイデンティティは先代からの信頼を引き継ぐ大切な要素の1つです．

JR西日本"トワイライトエクスプレス"の二代目となる"瑞風"では，「ときはなる松の緑も春くれば今ひとしほの色まさりけり」と古今和歌集より引用，一年中変わらないと想っていた松葉の色も…春がくればまた一層映え…と詠みこまれた表情豊かな緑色を再現し，先代からの伝統色を高品位な濃緑色へと進化させています．

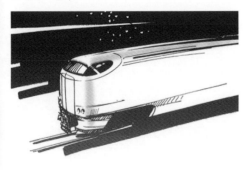

夜行列車のブルートレインから陽光輝く朝のイメージへネーミングとともに変身を遂げたのは"サンライズエクスプレス"です．営業投入から四半世紀が経つものの，優しく明るい色彩と木目で包まれた安心感ある個室は，現在でも女性の一人旅などに人気が衰えません．東京メトロの丸ノ内線では，車輌デザインを社内の若手社員グループによるワークショップを経て開発し，開業当時から沿線に愛されてきた伝統色は鮮やかな赤色として進化しました．

世界の高速鉄道を牽引した新幹線

新幹線の開業は1964年，17年後にフランスTGV，そのまた10年後にドイツICEなど世界の鉄道は新幹線による時間サービスが成功したことに刺激され，高速線での営業距離は伸び続けています．ところが，現在のコロナ禍の影響で旅客数は半減，鉄道業界をかつてないほどの規模で経営を圧迫しています．これと似た時代の転換点は世界大恐慌後の不況から鉄道利用客が半減した1930年代半ばにもありました．そこに登場した流線形列車は，その時代を表象していた速度感とともにスタイリングの魅力が，鉄道業界を発信源として様々な産業を活性化させ一世を風靡していきます．時あたかもアルミニウムやステンレスなど新しい素材の軽量車体に，エネルギーは石炭から石油へと変わる新時代への転換期でもありました．さらに戦後もジェット旅客機の登場で鉄道利用客が激減した頃，欧州急行列車（TEE）群は，各国ご自慢の豪華設備車輌により復活，航空の時間サービスに対抗したこともありました．

現在は如何でしょう．CFRPほか軽量新素材の実用化，エネルギーは石油から電気へ，再生可能エネルギーへの転換期でもあり似たような状況にあることが分かります．コロナ禍脱却に，米国の流線形や欧州のTEEなどに学ぶ移動の質デザインのヒントは，まだまだありそうです．プロジェクトは安全性を考えた"機能のカタチ"と，安心感のある"感性のカタチ"とを融合し初めて説得力ある［デザイン］になります．またものづくりには問題解決型と，あるべき姿を描く仮説提案型の二つのアプローチが欠かせず，この議論のズレの摺り合わせこそが新しいものを生み出すための大切なプロセスでもあります．デザインとは，プロジェクトの総意として意見をまとめ可視化する仕事であり，一枚のスケッチから実車完成に至るまでには，数多くの専門家集団が関わります．

デザインの答えはひとつではありません．分野を超えた理解と，文化的側面でも話し合える質の高い人的交流が必要と考えています．

インダストリアルデザイナーとしての"夢"

インダストリアルデザイナーの仕事は，単なる形や色だけのスタイリストではありません．私がデザインを学び始めたのは新幹線が開業し，最初の東京オリンピックが開催された半世紀程前の1964年，その間には指輪から車輌まで様々なデザインをしましたが，まさか新幹線のデザインに携わるなど想像も出来ませんでした．大変有り難く，不思議なご縁を頂きました．鉄道車輌のデザインは，国鉄民営化後の1987年以降となりますので今年で35年目になります．車輌の提案には常に流線型を意識してきました．地球環境を考えれば，新幹線だけでなく在来線においても抵抗の少ない流線型は省エネルギーにつながる重要な要件だと考えたからです．

「新幹線をデザインする仕事」は，空力性能は勿論のこと魅力ある外観とエレガントな内装空間により明るい未来を迎えたいと考えています．そして夢は，持続可能エネルギーによる"大陸横断鉄道世界一周便"平和前提のアイデアです．小さな一瞬のひらめきでも，世界中の人たちへ大きな"ときめき"に変えてお届けできるよう，夢を見続けているところです．

最後までご清聴ありがとうございました．

＊本稿は，当日のスライドをもとに再構築し，紙面の都合で一部削除あるいは補稿しています．
＊原稿写真の無断複写転載を禁じます．

機関車と石炭

荒木文宏／宇田賢吉／大山　正

川端新二（ビデオ出演）　　　（敬称略）

荒木文宏氏　　　宇田賢吉氏　　　大山　正氏

蒸気機関車とは切っても切れない石炭．その分類と産地から，実際使用する際の混炭，さらに機関車の火格子と灰箱まで，乗務員ならではの観点からこれまであまり語られてこなかった石炭と燃焼について経験に基づいて詳細に語る．

8月21日（日）15：30〜16：40／特設ステージ

石炭の種類と産地

「積算すると機関助士をしていた3年半の間に1,338tの石炭を焚いていました」と言う宇田賢吉氏の話からトークショーが始まった．「石炭には

石炭を満載したセキを牽引し砂川に到着したD51 561〔滝〕．ここからDD51に引き継がれる

数々の恨みがありますからね（笑）」と語る．

まずは，石炭の分類と産地について大山氏が解説．要約すると，石炭は生成年代，成分，用途などで年代の若い順に泥炭，亜炭，褐炭，瀝青炭，無煙炭があって，機関車用には瀝青炭が最適であるという．瀝青炭は褐炭の炭化が進んだもので，揮発分の含量が多く，燃焼時に長い焔を生じる．この瀝青炭の産炭量が国内最多である．

産地と品質については以下のとおり．

【北海道石狩系】 美唄，夕張，歌志内，砂川系で6,500〜7,600kcal，灰分5〜14％，揮発分35〜45％で国内第一級．

【北海道釧路系】 釧路，尺別系の褐炭で5,500〜6,000kcal，灰分12〜20％で他の優良炭と混炭使用された．

【常磐炭】 入山，古河系の褐炭で4,000〜6,000kcal，灰分17〜20％，揮発分30〜40％．着火が早く，混炭使用された．

【山口炭】 5,100〜5,900kcalと発熱量が小さく軽

昭和18年に国鉄に就職した川端新二氏は，戦中・戦後の苦難の時代を名古屋機関区の機関助士として苦労を重ねた．

仕業時に混炭で少量使用．

【九州筑豊炭】 大野浦，飯塚，平山系．5,500〜6,800kcal，灰分15〜25％，揮発分33〜40％．混炭しても溶融点が高くクセがない良質炭．

【三池炭】 7,000kcal前後の良質炭だが硫黄分多く混炭使用された．

【松浦炭】 5,400kcal程度で良質炭と混炭使用された．

戦中・戦後の思い出

ここで元名古屋機関区の川端新二氏がビデオで登場する．

三井砂川炭礦のホッパーから石炭を積んだセキを引き出すD51 397〔滝〕．砂川，夕張，幌内，美唄，歌志内など石狩地区では上質の石炭が産出された

夕張線紅葉山を通過するD51 286〔追〕牽引石炭専貨．夕張地区で産出された石炭は夕張線・室蘭本線を通って，室蘭・苫小牧から船積みされた

「日本で産出する石炭の20％は蒸気機関車で使用していたと言われます．運転の経費の20％は石炭です．ですからいかに石炭を節約して汽車を動かすかということが重要になってきます」と川端氏．「投炭した時にパサパサの乾いた石炭では粉炭が通風で煙室の方に吸いとられてしまうのです．ですから3％から5％水を撒けと言われていました」とも語る．しかし，石炭が重くなるので機関助士はあまり石炭には水を撒きたがらなかったという．

川端さんによれば「戦時中の石炭はよかったです．石炭が悪くなったのは戦後です」とのこと．石炭は日向に放置しておくと1か月で5％ほどカロリーが減るそうだ．貯炭場に残っていたそんな石炭をかき集めてくるのだから，質が悪くなるのもうなずける．

「名古屋から浜松までいい石炭だと1.5tから2tで行くところを，悪い石炭だと3.5tから4t焚かなくてはなりませんでした」と川端氏は当時を振り返る．続けて「灰が多く火床整理にも難儀したものです．その昔C51牽引の『燕』などでは，煉炭ですが，名古屋から東京まで火床整理は必要なかったと言います．それほど質がよかった．戦中，私が機関助士になってからも，名古屋から浜松まではせいぜい2回，岡崎と豊橋ぐらい．それが昭和21〜22年頃は名古屋から大府までの20kmで灰で火床がいっぱいになってしまいました．火室にもう焚べるとこがなくなるので，決められた駅以外でも大府や刈谷などでやむを得ず火床整理したものです」と語る．

「走行中，浜名湖の鉄橋の上で灰をばら撒いたりしました．そこら中で灰を撒くからあちこちで，枕木を燃やしてしまいますね．その頃は保線区から機関区にしょっちゅう電話がかかってきたものです．石炭に恨みはあるね」と川端氏は述懐した．

煉炭の開発

さて，石炭の話に戻り，煉炭の開発というテーマに移った．煉炭は粉炭を加工しタールピッチを粘着剤として圧着して固めたもので，明治期の船

貴重な体験談に多くの来場者は認識を新たにしたことだろう

糸崎機関区の給炭槽とガントリー．混炭は給炭槽に移す段階で行われる　　　写真：宇田賢吉

貯炭場に積み上げられたマセッタ型のピッチ煉炭　糸崎機関区　　　写真：宇田賢吉

舶用として開発されたものが起源となっている．鉄道用としては1930年，超特急「燕」運転用に開発されたものが最初とされる．機関車には1個50gが最適で，マセッタ型（中央が盛り上がった方形）と卵型がある．要は"豆炭"だ．「片手スコップで20個ぐらいすくえて1kgになります．」と大山氏．

煉炭の品質としては次のことが挙げられる．

①揮発分が少なく黒煙が出にくい．

②固定炭素が多く火持ちがよく高火力で蒸気の騰発が良好．

③灰分が少なく燃え殻が少ない

④戦前…7,300〜7,600kcal

　戦後…6,400〜7,200kcal

混炭について

「我々乗務員は石炭の産地で呼んでおりました．夕張，三池といえばいい石炭だな，というわけです．石炭はいろいろな炭鉱からくるさまざまな品質の石炭を混ぜ合わせて使用していました．カロリーが高すぎても低すぎても現場では勝手が悪いので，混ぜて平均値をとるわけです．ところがそんなにうまくはいかないのです」と宇田氏は語る．これは石炭の使い方としてはそれぞれの長所を殺すような格好で，まずいやり方だそうだ．発電所を建設する時などは使用する石炭の産地を決定し，それに合わせてボイラーを設計したらしいが，鉄道ではそうはいかない．

宇田氏は「混炭は機関区の石炭槽にクレーン

給炭を受けるC59 116〔糸〕. 石炭によってテンダー側板に凹凸ができている　　　写真：宇田賢吉

で入れるときに行われます. バケットで炭槽に山を作る時に山の頂上から石炭を撒けば薄い層となって転がって広がる. これを繰り返すわけです. 三池炭を5杯, 夕張炭1杯, 常磐炭3杯というような組み合わせで給炭槽に上げる時に混ぜていきます. 下で受け取る機関車にしてみれば, バケット1杯が大体1tで, C62で10tほど積みますから, カロリーの高い石炭がどっさり入っていると大喜びですし, その逆だとがっかりします」と語る.

さて, カロリーの高い石炭は必ずしもよいとは限らない.「山越えなど連続して大きな出力を必要とする場合は三池炭など高カロリー炭が欲しいですが, 普通列車など加速, 減速を短時間で繰り返す場合, パッと火がついて短時間で燃え切れる, という性質の石炭の方が勝手がいいです」と宇田氏.

石炭の換算率と混炭

石炭は多種類で品質・発熱量など相当な差異がある. 発熱量が同じでも成分によって燃焼性などが異なるという. 換算率は夕張・切込 (塊炭と粉炭の混じった石炭) 8,200kcal石炭を換算100％として石炭ごとに試焚し, 上質炭と言われる夕張で91％, 夕張二等68％というように全国一律の査定を行なっていた. 大山氏によれば実際の石炭は300種類ほどあると言われる.「それだけ多くの石炭を現場では苦労しながら混ぜ合わせてそれぞれの列車に合ったものにしながら使用していたというわけです」.

宇田氏は「機関区での混炭は2, 3種類に分類されていました. 私が勤務していた糸崎機関区で

はA・Bと2種類のブレンドがあって, Aランクは6,800kcal, Bランクは6,400kcalでした. 優等列車はよい石炭をもらい, 貨物列車が割を食うわけです」と語る.

荒木氏は「私はお二方より少し後に山陰本線で蒸気機関車に関わったわけですが, 私たちは大山さんの東北本線や宇田さんの山陽本線などのような, 優等列車や重量貨物が行き交う大幹線と異なり, カロリーなどを考えて投炭するということはそんなにありませんでした. 私の時代はピッチ煉炭が主です」. 続けて「石炭が燃えるとクリン

カと言って飴のような灰が粘って通風を妨げます. それを一刻も早く取り出さなければならないと苦労したのが思い出です」と語る.「どんなにうまく焚いてもクリンカは出てしまいますね」と大山氏.

石炭と散水

蒸気機関車に積載した石炭には水を撒いて使用する. 散水すると, 燃焼時にそれだけ蒸発する熱量が損失するが, 缶内のドラフトで飛散する微粉炭を相互融着させ燃焼効率が3％程度改善すると言われる. 散水量は切込炭／6〜9％, 塊炭3〜4％, 粘結炭／11〜12％とされている.「しかし煉炭になってからはそんなに励行されなくなったようです. 煉炭ではメカニカルストーカー (自動給炭装置) を使用した方がシンダは多かったですね」と大山氏.

宇田氏によれば「メカニカルストーカー (自動給炭装置) で石炭を粉砕して火室内に飛ばすので, 水を撒くと飛びが悪くなります. だからC62やD52ではあまり水を撒きませんし, そのほかの場合でも私はあまり撒きませんでした. 数パーセントの改善より自分がよりよい仕事をする方を優先していました」.

大山氏が自身が勤務していた仙台機関区の話をする.「仙台機関区には甲1〜3組があってこれが蒸機, 乙組は電機, 丙組が電車でした. 蒸機は北は一ノ関から南は常磐線の原ノ町までを受け持ちます. 乗務員の運用は片道は急行の仕事になっておりまして, 常磐線はC62で90km/hぐらいでストーカーをガンガン回して走っていました.

テンダー上から捉えた給炭. ピッチ煉炭の形状がよく分かる　　糸崎機関区　　　　　写真：宇田賢吉

投炭の他，火床整理やボイラーへの給水，石炭への散水など，機関助士のやるべき仕事は多岐にわたる　乗機 C59 102〔岡〕　写真：宇田賢吉

東北本線は C61 でこれもストーカーを回して 100km/h ぐらいで走ります．もう片道は C60 か C59 の手焚きなんです．公平にということです．まれに機関車の運用が変わって往復ストーカー付きになると，しめた！　と思ったものです．冬は暖房にも蒸気を使いますので手焚きは大変疲れますから」．

火格子と廃箱

　D51 の火室周辺の断面図を投影し大山氏が，内火室，アーチ管，煉瓦アーチ，煙管，灰箱などの構造や機能を説明する．「火格子の上で石炭を燃やします．本線用の C61 などでは奥の方が 20cm，

ハドソン機の灰箱．"谷"になっている 2 か所に従輪の車軸が通る　写真：小寺康正

中央部分が 25cm，バック（手前）を 30cm ぐらいの厚みに石炭を盛って燃やしていきます」．

　火室の上に設けられているのが火熔栓（溶け栓 =「ヘソ」）で，缶水が減って火室頂部が露出した時に，溶け栓の鉛が溶けて（熔解温度327℃）穴が開き蒸気が火室内に噴出して警告する．

　荒木氏は述懐して語る．「溶け栓を溶かすというのは乗務員にとって大変不名誉なことです．ですから水面計には常に注意を払います．溶け栓はいっぺんに溶けることは稀で，何度も少し溶けて固まり，少し溶けて固まりを繰り返し，鉛の部分が小さくなって，運の悪い乗務員が最後に貧乏くじを引くことになります．私はその不名誉なことをしてしまったことがあります．缶水十分と思い下り勾配にさしかかったところ，水が前に寄って，さらに下り坂の途中の踏切で直前横断があって非常ブレーキをかけさらに水が前に集まって，火室頂部が露出して溶け栓が溶けてしまったのです」．

　最後は火格子．構造と各部の説明を大山氏が行う．「火格子には固定火格子，落とし火格子，揺り火格子に分かれていて，揺れ火格子が大きく主にこの上で石炭が燃えます．揺れ火格子上の灰はロッキング・ハンドルを操作して揺すって落とすのですが，これをやりすぎると火まで落としてしまいます．私も落としすぎて出発を 1，2 分遅らせたことがありました」．

　火格子の下の灰箱に灰を貯める．灰箱は通風も兼ねていて風戸の開け具合で通風量を調節する構造となっている．灰を捨てるのはレバーを操作して灰戸を開けピットなどに落とすという仕組みだ．

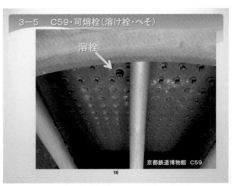

3−5　C59・可熔栓（溶け栓・へそ）
溶栓
京都鉄道博物館 C59
16

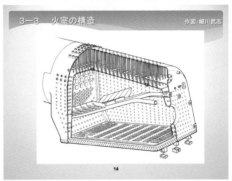

3−3　火室の構造　作図：細川武志
14

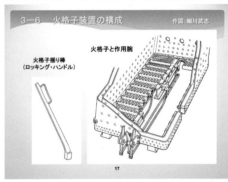

3−6　火格子装置の構成　作図：細川武志
火格子振り棒（ロッキング・ハンドル）
火格子と作用腕
17

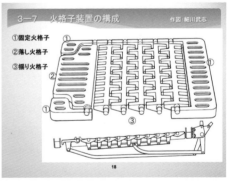

3−7　火格子装置の構成　作図：細川武志
①固定火格子
②落とし火格子
③揺り火格子
18

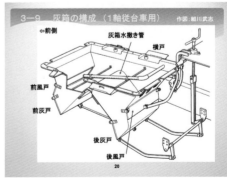

3−9　灰箱の構成（1軸従台車用）　作図：細川武志
←前側
灰箱水撒き管
横戸
前風戸
前灰戸
後灰戸
後風戸
20

「石炭で火を焚いて，灰を落とすという地味な作業ではありますが，ファンの皆さんに少しでも興味を持っていただければ幸いです」と荒木氏がまとめ，3 人の蒸気機関車に対する思いを披瀝して締めくくった．

第6回 フォトコンテスト
残しておきたい 鉄道風景・鉄道車輌

鉄道開通150年
明治5年(1872)

第6回フォトコンテストのテーマは「残しておきたい鉄道風景.鉄道車輌」.国内で撮影されたものなら,後世に伝えたいと撮影者が思うものすべてが対象となるというノンテーマ.少し戸惑われた方も多かったことでしょう.それだけにじっくりと思い巡らせた印象の強い力作が多く,総数は246作品.鉄道150年のその先に,時代を超えて語り継ぐべきシーンの数々がさまざまな輝きを放ちました.

特設ステージと隣り合わせた展示スペースには大賞（全倍），入賞（全紙）始め合わせて90点の秀作が並び，多くの来場者がさまざまな鉄道シーンを興味深く鑑賞していた.

大賞／上野駅15番線

阿部　勉　　上野　1971年3月1日

上野駅地上ホームに並んだボンネット特急たちは輝いていました.

【選評】

今回のフォトコンテストはテーマもあって，的を的確に絞った画面構成の作品が多かったように思います. その中でも，この作品はまさに往年の上野駅の情景で，鉄道が全盛を誇った時代の一コマです. 当時の終着駅の喧噪を思い起こさせる懐かしい画面です. 一時に3本もの特急電車が頭を揃え，何の屈託もない乗客がゆ

ったりと行き交う穏やかなひとときがしっかりと伝わってきます. ファンとしては忘れられない，まさに残しておきたい鉄道風景です.

（宮澤孝一）

●審査委員長
宮澤孝一（みやざわ・こういち）
昭和6年東京生まれ. 昭和22年以降交通科学研究会，東京鉄道同好会，京都鉄道趣味同好会，関西鉄道同好会などに入会とともに鉄道写真の撮影を開始. 早稲田大学在学時には鉄道研究会創設に参画. また，鉄道友の会創立とともに入会，会の発展に大きく貢献した.『鉄道写真ジュラ電からSL終焉まで』をはじめ執筆多数. 鉄道友の会の参与.

大賞の阿部　勉さん（中央）

本年はコロナ禍のため都築雅人氏・名取紀之氏が入賞作をセレクト, 審査委員長・宮澤孝一氏がリモートでその中から大賞を決定するという方式をとった.

●審査委員
都築雅人（つづき・まさと）
昭和32年千葉・習志野生まれ. 新聞社系ビジネス誌を中心に活躍するプロカメラマン. ライフワークとして国内外の蒸気機関車を追う. 写真展「世界の蒸気機関車 煙情日記」など開催多数. 著書に『世界の蒸気機関車』『今を駆ける蒸気機関車』『魅惑の鉄道橋』『国内蒸気機関車の魅力』など多数. 日本写真家協会（JPS）会員. 日本鉄道写真作家協会（JRPS）会員.

●審査委員
名取紀之（なとり・のりゆき）
昭和32年東京生まれ. ネコ・パブリッシング元編集局長. 1986年より26年間にわたり『レイル・マガジン』編集長を務めた. 2017年よりOFFICE NATORIを主宰. 2019年4月から機芸出版社『鉄道模型趣味』編集長. 英国ナローゲージレイルウェイソサエティー会員.

■募集要項
【募集写真】後世に伝えたいと願う鉄道風景や鉄道車輌
【募集期間】2022年5月13日（金）～ 2022年7月15日（金）
【募集規定】
1名5作品まで応募可能. 応募作品は応募者が著作権を有している未発表作品.
応募はプリントのみ（カラー・モノクロともにA4サイズ相当）.
組写真および画像の合成・加工（作品の表現上重要となるような加筆や削除などの二次的画像加工処理を施したもの）は不可. ただし，明暗・彩度・コントラストの調整, トリミングは可.
【賞金】大賞：賞金10万円（1点）／入賞：賞金1万円（10点）

 入賞／亀山駅，朝の日常風景
八木邦英
関西本線　亀山　1966年12月29日
暮れの寒さにめげず，仕事に向かう姿に惹かれた．

 入賞／見送り
長津　徹
只見線　会津坂下　1972年2月1日
仙台行き急行「いなわしろ」定時出発．

 入賞／下町の昼下がり
荻野正彦
鶴見線　国道　1979年3月23日
横浜鶴見界隈の私鉄風の駅の一コマ．

入賞／サヨナラのパレード

田島常雄

都営交通　19系統　駒込駅　1971年3月18日
沢山乗ったデンシャも今日でサヨナラ。

入賞／なつかしい夏の日

山口　徹

上信電鉄　佐野のわたし−根小屋　2015年8月18日
幼い日の思い出のような風景でした.

入賞／整列乗車

中島正樹

別府鉄道野口線　別府口　1976年12月4日
バケットカーや，DL に牽かれた小さな客車も印象に残っています.

 入賞／さあ最高地点へ　　小海線　野辺山－清里　1956年11月

齋藤　晃　　野辺山駅を発車,上り33パーミルを猛ダッシュするC56重連.

 入賞／
裏高尾の春

瀧脇収二

中央本線　高尾－相模湖
2011年4月24日

ちょうど老夫婦が来たの
で急遽構図を変えました.

**入賞／
臨時列車上目名駅通過**

星野 準

函館本線　上目名　1970年8月17日

上りニセコを撮った後, 上目名駅に戻ると臨時 D51 重連列車が上って来ました. 助士がキャリアを投げ込む一瞬, 有人駅って良いですね.

入賞／SL が来た!

木村一博

只見線　会津坂下　2014年11月9日
沿線の皆様全線復旧おめでとうございます.

【総評】

「残しておきたい鉄道風景・鉄道車輌」というテーマゆえか, 今年の応募作には旧作が多く見受けられました. ことに1960 ～ 1970年代, 国鉄が最後の輝きを放った時代の作品が目を引き, 大賞も東北新幹線開業前の上野駅の賑わいを写し取った阿部 勉さんの「上野駅15番線」が選ばれました. 朝日に映える亀山駅構内（八木邦英さん）, ホームに整列して発車した気動車急行を見送る職員たち（長津 徹さん）, そしてタブレットキャリアを受器に投げ入れる機関助士とそれを看視する助役（星野 準さん）…「残しておきたい」と応募された作品の背景には, いずれも人の営み, 温もりがあります. 開業以来, 人が動かしてきた鉄道. それがシステムに動かされる姿へと急速に変容しつつあります. 果たして, 50年後の「鉄道200年」の日に, 皆さんが「残しておきたい」と推される鉄道風景・鉄道車輌はどんなものとなるのでしょう. （名取紀之）

審査風景　2022.8.3

年 月 日	鉄 道 史	主な車輛の登場	その他の歴史
明治2（1869）12・	鉄道線路敷設の開議決定		首都を東京に移す
明治3（1870）4・25	備英国人建設技師長エドモンド・モレル等東京・汐留から測量を開始（鉄道起業の始め）		
明治4（1871）9・21	工部省に鉄道寮設置	5100／1500／160	廃藩置県
明治5（1872）6・12	品川〜横浜（桜木町）間1日2往復仮開業 所要時間35分 上等1円50銭 中等1円 下等50銭		東京〜大阪間電信開通
7・18	鉄道による郵便輸送開始（郵便輸送の始め）		
10・14	新橋（汐留）〜横浜間が全通。翌15日から1日9往復旅客列車を運転 所要時間53分		
明治6（1873）6・5	新橋〜横浜上等乗客に3か月120円で往復常乗車切手を制定（定期乗車券の始め）	5100	徴兵令公布
9・15	新橋〜横浜間で貨物輸送開始（貨物営業の始め）		太陽暦採用
明治7（1874）5・11	大阪〜神戸間仮開業 旅客列車1日8往復運転		佐賀の乱
明治8（1875）5・	神戸工場（後の鷹取工場）で国産材料を使用して客貨車を製作（客貨車製作の始め）	7030	樺太千島交換条約
明治10（1877）1・11	工部省に鉄道局設置（鉄道寮廃止）		西南戦争
2・5	京都〜大阪間開通、京都〜神戸間鉄道開業式		
明治11（1878）8・21	京都〜大津間着工 邦人技師がこの工事を担任（日本人による鉄道工事の始め）		大久保利通殺
明治12（1879）4・14	日本人機関方3名が新橋〜横浜間旅客列車に乗務（日本人機関士の始め）		エジソン炭素電球を発明
明治13（1880）6・28	逢坂山トンネル工事が邦人の手で完成（日本人によるトンネル建設の始め）	710	
11・28	幌内鉄道（後の函館本線・手宮線）手宮〜札幌間が開通（北海道の鉄道の始め）		
明治14（1881）12・	日本鉄道会社設立（私設鉄道の始め）	1290／180	板垣退助が自由党を結成
明治15（1882）6・25	東京馬車鉄道新橋〜日本橋間で開業（軌道業の始め）	5300	
明治16（1883）7・28	日本鉄道上野〜熊谷間（現高崎線）開通		鹿鳴館開館
明治18（1885）3・1	日本鉄道赤羽〜新宿〜品川間が開通し新橋〜赤羽間に直通列車運転		初代首相伊藤博文
7・16	日本鉄道大宮〜宇都宮間開業		
12・26	工部省廃止に伴い鉄道局は内閣直轄となる		
12・27	阪堺鉄道（現南海電鉄）難波〜大和川北岸間開通		
12・28	日本鉄道宇都宮駅で白木屋が竹の皮に包んだ「にぎり飯」を5銭で売り出す（駅弁の始め）	100	
明治20（1887）5・18	私設鉄道条例公布（私設鉄道に関する最初の立法）	500／600	
明治21（1888）11・1	山陽鉄道（現山陽本線）兵庫〜明石間開通		
明治22（1889）4・11	甲武鉄道（現中央本線）新宿〜立川間開業	1・0／7450	大日本帝国憲法発布
5・23	讃岐鉄道（現予讃線・土讃線）丸亀〜琴平間が開通（四国の鉄道の始め）		
7・1	東海道線新橋〜神戸間が全通し直通列車運転		
12・11	九州鉄道（現鹿児島本線）博多〜千歳川仮停車場間が開通（九州鉄道の始め）		
12・15	関西鉄道草津〜三雲間（現草津線）開通		
明治23（1890）5・4	内国勧業博覧会で電車試運転（東京電灯会社）	821／500／720	第1回衆議院選挙
8・23	軌道条例公布		
9・6	鉄道局を鉄道庁と改称、内務大臣直轄となる		
明治24（1891）9・1	日本鉄道上野〜青森間が全通し直通列車を運転		
明治25（1892）6・21	鉄道敷設法公布 政府による幹線鉄道の建設、将来における私設鉄道の買収を決定	3900	
7・21	鉄道庁内閣府から逓信省に移管		
明治26（1893）4・1	横川〜軽井沢間アプト式が開通し高崎〜直江津間が全通	9600	
6・	神戸工場でAE形（→860形）1B1タンク機関車1輛を製作（機関車国産の始め）	8600	
11・10	鉄道庁は再び鉄道局と改称され逓信省の内局となる		
明治27（1894）10・2	京都停車場に電灯設置（駅構内電灯の始め）	5500	日清戦争勃発
明治28（1895）1・31	京都電気鉄道開業（電気鉄道の始め）	5680／4030	下関条約／三国干渉
明治29（1896）9・1	新橋〜神戸間に急行旅客列車運転（長距離急行の始め）	7900	近代第1回オリンピック開催
11・21	関西鉄道（現関西本線他）客車の外側に白、青、赤の等級区別を塗装（等級識別の始め）		金本位制確立
明治30（1897）6・1	総武鉄道本所（現錦糸町）〜銚子間が全通	865／1200／627／9690／7600	新貨幣法実施
11・5	主要駅で入場券発売（入場券の始め）	8100／9600	
11・	官設鉄道の客車等級上、中、下等を1、2、3等に改め客車外部に等級区別を彩色		
明治31（1898）1・	関西鉄道客車に電灯を設置（車内電灯の始め）	3900／5120	
8・1	新橋〜神戸間に急行貨物列車を運転		
8・23	日本鉄道磐城線（現常磐線）が全通		
明治32（1899）1・21	大師電気鉄道（現京浜急行電鉄）川崎（現六郷橋）〜大師（現川崎大師）間が開通	8550	
5・25	山陽鉄道で急行列車に食堂車連結（列車食堂の始め）		公衆電話設置
7・16	北海道官設鉄道（北海道庁鉄道部）による初の路線空知太〜旭川間開業		
8・27	東武鉄道北千住〜久喜間開通		

年月日	事項		社会の出来事
明治33(1900) 3・16	私設鉄道法公布(10/1施行) 鉄道営業法公布(10/1施行)	9150	義和団事変
4・8	山陽鉄道で1等寝台車の使用を開始〈寝台車の始め〉		
5・15	鉄道唱歌(大和田建樹作詞 多梅稚作曲)が出版される		
6・12	女子雇員10名を採用〈女子職員の始め〉		
11・	90日間通用の記名式回数乗車券を発売〈回数乗車券の始め〉		
12・1	東海道線客車に蒸気暖房装置取付〈暖房の始め〉		
12・1	兵員学生等に団体割引実施〈団体割引の始め〉		
明治34(1901) 5・27	山陽鉄道神戸～馬関(現下関)間が全通		ノーベル賞制度始まる
6・16	学生定期乗車券を新設〈学生定期の始め〉	4500・6400	日英同盟締結
明治36(1903) 5・1	山陽鉄道で2等寝台車を連結		ライト兄弟初飛行
8・22	東京電車鉄道(東京馬車鉄道から改称)の新橋～品川間開業〈東京の市内電車の始め〉		
9・12	大阪市の路面電車開業〈公営鉄道の始め〉		
――	汽車製造会社製作の1Bタンク4輪(→230形)鉄道作業局が購入〈国鉄の機関車購入の始め〉	230	
明治37(1904) 8・21	甲武鉄道飯田町～中野間で汽車電車併用運転〈国電の始め〉	3400・3200	日露戦争勃発
明治38(1905) 4・12	阪神電気鉄道開業	9350・3200	ポーツマス条約
8・1	新橋～下関間に直通急行列車を運転 北海道鉄道函館線が全通	9250	
9・14	奥羽線福島～青森が全通		
明治39(1906) 3・31	鉄道国有法を公布(4/20施行) 日本・山陽・九州など全国主要17私鉄 総延長4800kmを買収	3980	南満洲鉄道設立 新聞朝夕刊2回発行に
4・16	新橋～神戸間の列車を最急行・急行・直行とし最急行に急行券を発売〈急行料金の始め〉		
5・1	横川～軽井沢間で流油管による石油輸送を開始〈パイプラインの始め〉		
12・1	山陽鉄道から汽船12隻引き継ぎ、下関～釜山、宮島～厳島間、下関～門司間などの航路を開始		
明治40(1907) 3・2	帝国鉄道庁官制公布(4/1施行)		
8・21	南海鉄道電化		
明治41(1908) 3・7	青函連絡船の国鉄直営を開始	6350	
12・5	鉄道院官制公布施行 鉄道行政を通信省から内閣に移管		
明治42(1909) 4・1	関西本線港町・柏原間で気動車運転〈気動車の始め〉		伊藤博文暗殺
10・12	線路名称を定め主要路線を本線とした		
11・21	鹿児島本線が全通 人吉・吉松・隼人経由		
12・16	烏森(現新橋)～品川～上野間及び池袋～赤羽間に電車運転を開始		
明治43(1910) 3・10	箕面有馬電気軌道(現阪急電鉄)開業		
4・15	京阪電気鉄道開業		日韓併合
4・21	軽便鉄道法公布(8/3施行)		
6・12	宇野～高松間に航路開設		
8・	鉄道院客車製造についての統一基準制定	鉄道院基本形客車	
12・15	米国ラッセル社製雪かき車1輌を購入し北海道で使用〈雪かき車の始め〉		
明治44(1911) 5・1	中央本線飯田町～名古屋間が全通	8670・8870、8850・8800	日米通商航海条約改正
8・1	東京市市電運転開始	9880・9800・4600、9750・9860	
明治45(1912)/大正元(1912) 3・1	山陰本線京都～出雲今市(現出雲市)間開通	9900・9880	中華民国成立
5・11	横川～軽井沢間の一部の列車に電気機関車を使用〈幹線電化の始め 電気機関車の始め〉	10000(EC40)	
6・15	新橋～下関間に展望車付き1・2等急行列車を運転 のち「富士」と命名〈展望車の始め〉		
11・3	京成電気鉄道(現京成電鉄)開業		
大正2(1913) 4・1	北陸本線全通	9950・6800・4100	
4・15	京王電気鉄道(現京王電鉄)開業		
大正3(1914) 4・30	大阪電気軌道(現近畿日本鉄道)開業	デ8860・6220・4100	第一次世界大戦勃発
12・18	東京駅が開業 同時に京浜線に電車を運転	6760・6630・40	
大正4(1915) 4・15	武蔵野鉄道(現西武池袋線)開業		
大正5(1916) 11・7	京浜線2等電車に電気暖房〈電気暖房の始め〉		
大正7(1918) 8・29	生駒鋼索鉄道開業〈ケーブルカーの始め〉		シベリア出兵
大正8(1919) 3・1	中央本線東京～中野間に直通電車運転開始	10890(EC51) ナ10900(ED40)	ベルサイユ条約
4・10	地方鉄道法公布(8/15施行) 私設鉄道法及び軽便鉄道法廃止	ハ8200・8200	
大正9(1920) 2・1	乗車券類を左書に変更		戦艦長門就役 第1回国勢調査
5・15	鉄道省設置		
大正10(1921) 4・14	軌道法公布(大正13/1/1施行)		ワシントン海軍軍縮会議
5・1	横浜～大船間で自動閉塞式運転方式を施行		
9・28	相模鉄道(現JR相模線)茅ヶ崎～寒川間開業		

年月日	事項	車両	社会の出来事
大正11 (1922) 4・11	改正鉄道敷設法公布 (5・1施行)	1000 (ED10)	
10・13	鉄道大臣通達により毎年10月14日を「鉄道記念日」と定められる		
大正12 (1923) 3・1	品川駅で高声電話機を使用 **駅放送の始め**	1900 (DD50)	関東大震災
3・11	目黒蒲田電鉄 (現 東急目黒線・多摩川線) 開業	1100 2100 (ED ED D211)	
7・1	東京~下関間に3等特急を運転 (のち「桜」と命名)	11040 (ED ED D50→ED17)	
大正14 (1925) 7・1	客車に自動連結器を取付続いて機関車、貨車の連結器も自動連結器に全国一斉に交換	8810 2030 (EE F D50 13)	普通選挙法
11・1	神田~上野間の高架線開通で山手線電車は環状運転を開始	8200 (CE52)	ラジオ放送開始
大正15 (1926)	日立製作所が電気機関車を自主製造 1070 (ED15) **民間会社製造電気機関車の始め**	6110 1760 (EE DD14)	
4・25	東京駅4台、上野駅2台の入場券自動発売機を使用 **自動券売機の始め**	60010 (EE DD53→ED19)	
5・12	神中鉄道 (現 相模鉄道) 開業	18700 (EE F D51 54)	
9・28	桜木町~上野間の省線電車に自動戸閉装置を使用 **自動戸閉装置の始め**	18000 (E0 ED41)	
昭和2 (1927) 4・1	小田原急行 (現 小田急電鉄) 開業	6000 モハ30 (ED51 ED51→ED17)	
4・16	西武鉄道東村山~高田馬場間 (現 西武新宿線) 開通	EE DD 5756 30 (DD24 23)	
12・15	東京~下関間に貨物特急列車を運転	新京阪 P6 (EE DD57)	
12・30	東京地下鉄道 (現 東京メトロ) 浅草~上野間開業 **地下鉄の始め**		
昭和3 (1928) 11・5	陸運監督権限が逓信省から鉄道省に移管	C53	
昭和4 (1929) 9・15	東京~下関間特急列車を「富士」「桜」と命名 **列車愛称の始め**	参宮急行C10 阪和50 電気F52 鉄道省2C 系3C2 モ 0C 11	世界恐慌
昭和5 (1930) 4・24	鉄道省に国際観光局設置		ロンドン海軍軍縮会議
10・1	東京~神戸間に1・2・3等超特急「燕」運転開始		
12・10	岡崎~多治見及びせき記念橋~高蔵寺間に省営自動車営業を開始 **国鉄自動車の始め**		
昭和6 (1931) 1・1	東京~神戸間列車に3等寝台車連結	C54・D16・EF54	満洲事変
4・1	自動車交通事業法公布 (昭和8・10・1施行)		
9・1	清水トンネルが9年目で完成し上越線が全通		
昭和7 (1932) 3・31	東京横浜電鉄 (現 東急東横線) 高島町~桜木町間開業 渋谷~桜木町間が全通	モC11 キハ40C12 3F53 96E9 00F54	五・一五事件
昭和8 (1933) 2・24	山陰本線が全通	モハ42	国際連盟脱退
9・15	御茶の水~飯田町間複々線化が完成し東京~中野間に急行電車 (現 快速電車) を運転		
12・10	京成電気鉄道 (現 京成電鉄) 上野公園~成田間全通		
12・27	神中鉄道 (現 相模鉄道) 横浜~厚木間全通		
昭和9 (1934) 11・1	南満洲鉄道で特急「あじあ」号運転	E42・D・EF10	室戸台風
12・1	丹那トンネル (大正7・4・着工) が完成し御殿場経由の東海道本線を熱海経由に変更		
昭和10 (1935) 7・15	東京~下関間特急「富士」でシャワーバスの使用を開始	DC55・C56・EF11	
昭和11 (1936) 2・26	二・二六事件が起こり東京市内及び郊外の汽車、電車その他の交通機関の一切が停止	キハDC51・42 52・EF55 モハ51	二・二六事件
7・19	南海鉄道で冷房電車を運転 **列車冷房の始め**	C57・E200・EF56	
昭和12 (1937) 2・1	名古屋駅が笹島から現在地に移転し高架化。	C57・EF56	盧溝橋事件→日中戦争
昭和13 (1938) 4・1	日華事変特別税法により旅客、通行税を課す	C58	国家総動員法
昭和14 (1939) 10・	急行列車の近距離乗車制限	オハ35	零式戦闘機運用開始 日独伊三国同盟締結
昭和15 (1940) 2・1	陸運統制令公布 民営鉄道22社1051kmを買収	EF57	第二次世界大戦勃発
12・27	西武交通事業調整委員会答申「王子電気軌道・東京市電・京成電軌…に統合、地下鉄道は四事業者を営団に、東京市内の民営は都民に」(東京急行電鉄・京王帝都電鉄)		
昭和16 (1941) 3・7	帝都高速度交通営団法公布	C59・EF12	太平洋戦争 戦艦大和就役
昭和17 (1942) 3・20	東京~下関間新幹線丹那トンネル起工式		ミッドウェイ海戦
4・1	配電統制令に基づく9配電会社発足 (電鉄業と電力業が分離)		
5・1	東京横浜電鉄・小田急電鉄・京浜電気鉄道が合併し東京急行電鉄発足		
11・15	関門トンネルの開通と戦時非常体制の実施で列車を増発 急行列車のスピードダウン		
11・30	戦争の激化で旅行制限始まる		
昭和18 (1943) 2・15	全国旅客列車運転の大幅削減	D52	山本五十六長官戦死
10・1	阪神急行電鉄と京阪電気鉄道が合併し京阪神急行電鉄発足		
11・1	運輸通信省設置		
昭和19 (1944) 4・1	決戦非常措置として1等車、寝台車、食堂車の全廃と急行列車の削減	D51戦時型 (1001~)	B29による東京初空襲
5・10	名古屋鉄道管理局で女子車掌を登用 **女性車掌の始め**		
5・19	運輸通信省から通信部門を分離 運輸省となる		
19・	戦争供出のため複線区間で1線レール撤去が始まる		
昭和20 (1945) 7・14	青函連絡船7隻が艦載機の攻撃を受け沈没 (15日にかけて)	EF13・モハ63	広島・長崎に原子爆弾投下 東京大空襲 国際連合成立 終戦
8・15	運輸省に復興運輸本部を設置		
9・14	鉄道復興5か年計画策定		
9・14	復興のため車輌を大量発注		

年	月日	事項	車両	一般事項
昭和21(1946)	4・9	旅客交通秩序維持のため旅客列車に旅客警察員を置く 〈公安職員の始め〉	ECF57(三次型)	日本国憲法発布
	11・10	石炭事情悪化で旅客列車を削減	ECF58	
昭和22(1947)	4・1	上越線高崎〜水上間が戦後初の電化完成	ECF15(四次型)	
	4・24	東京〜門司間の2列車を急行列車とし、2等車復活		
	6・1	近畿日本鉄道車編成により南海電気鉄道分離独立		
	10・1	上越線石打〜長岡間電化完成		
昭和23(1948)	4・25	モハ52による高速電車試運転が三島〜沼津間で行われる	C62・E10・スハ42	
	6・1	東京急行電鉄より、小田急電鉄、京浜急行電鉄、京王帝都電鉄が分離		
	12・20	日本国有鉄道法公布		
昭和24(1949)	2・1	東海道本線沼津〜静岡間電化	ナハ60・マイネ40	湯川秀樹ノーベル物理学賞 / 1ドル=360円に
	4・24	奥羽本線福島〜米沢間電化		
	6・1	公共企業体「日本国有鉄道」発足		
	7・6	下山事件発生(続いて7・15三鷹事件、8・17松川事件が発)		
	9・15	戦後初の特急「へいわ」を東京〜大阪間に運転 東海道本線に列車側道が4年ぶりに復活		
	12・1	京阪神急行電鉄再編成により、京阪電気鉄道分離独立		
昭和25(1950)	3・1	東京〜沼津間に湘南電車の運転を開始	D62 マヤ クモハ80系 ネ41 スロ60	朝鮮動乱
	4・10	特別2等車使用開始		
	5・1	特急「へいわ」を「つばめ」と改称 運転当初はC59牽引のちにC62となる 〈ヘッドマークの始め〉		
	5・11	東京〜大阪間に特急「はと」運転 運転当初はC59牽引のちにC62となる		
	11・2	急行列車に「霧島」「雲仙」などの愛称が付けられた		
昭和26(1951)	2・15	東海道本線静岡〜浜松電化	スハ43 370系 スハ44	サンフランシスコ講和条約 / 日米安全保障条約調印
	4・21	東京〜大阪に臨時特急「さくら」運転		
	4・24	桜木町事件		
	9・4	機雷浮遊で欠航していた青函連絡船夜間航行を再開		
昭和27(1952)	4・1	高崎線大宮〜高崎間電化	キEF58(流線形) クハ44000	
	10・1	上野〜熊谷間で電車運転		
	12・7	戦後初の車内暖房(京阪)		
昭和28(1953)	3・15	京都〜博多間に特急「かもめ」運転	キD50 キハ45000	テレビ放送開始
	4・8	車輌称号規定を改正 国電などを改番		
	7・21	東海道本線浜松〜名古屋間電化		
	11・11	東海道本線稲沢まで貨物列車電化		
昭和29(1954)	1・20	戦後最初の地下鉄営団丸ノ内線(池袋〜お茶の水間)開通	キEF10 キハ10 DD11	ビキニ環礁被災水爆実験で第五福竜丸被災 / 自衛隊発足
	3・30	国鉄営業キロ2万km突破		
	9・26	青函連絡船洞爺丸事故発生		
	10・1	山手貨物線電化		
	12・8	山陽本線に2段リンク付き貨車使用の鮮魚特急列車を運転		
昭和30(1955)	2・1	周遊券の発売を開始	Eナハ4410 ED45	自由民主党と日本社会党の二大政党制(55年体制)がはじまる
	5・11	宇高連絡船紫雲丸事故発生		
	3・22	関西本線に気動車準急運転		
	7・20	東海道本線稲沢〜米原間電化		
	8・—	仙山線で交流電化の試験に入る		
昭和31(1956)	3・20	3等寝台復活	ナハ4810 ナシ17(キ55)	日ソ共同宣言
	11・19	東海道本線全線電化完成		
		東京〜博多間に寝台特急「あさかぜ」運転開始		
		京浜東北線・山手線電車の分離運転(田町〜田端間)を実施		
昭和32(1957)	4・1	第1次5か年計画発足	モハ90系 小田急SE車(3000形)	南極越冬隊南極初上陸
		気動車の称号規定改正		
	5・30	鉄道技術研究所東京〜大阪間広軌新幹線による3時間運転の可能性について研究発表		
	9・—	東海道本線で小田急SE車を使用した高速試験実施		
	9・5	仙山線仙台〜作並間で交流電気機関車の運転を開始 〈交流電化の始め〉		
	10・1	北陸本線田村〜敦賀間交流電化		
昭和33(1958)	3・10	伊東線に列車集中制御装置を使用 〈CTCの始め〉	近鉄10000系 151系 ED60・ED61・ED13	東京タワー完成 / 長嶋茂雄巨人軍入団
	4・10	山陽本線姫路まで電化		
	4・14	東北本線大宮〜宇都宮間電化		
	10・1	特急「あさかぜ」を新型固定編成客車20系に置き換え、東京〜鹿児島間に特急「はやぶさ」を運転		

年代	月日	鉄道のあゆみ	車両	社会
	10・10	上野〜青森間に東北初めての特急「はつかり」を運転		
	11・1	東京〜大阪・神戸にビジネス特急「こだま」を運転（電車特急の始め）		
昭和34(1959)	4・20	丹那トンネル入口で新幹線起工式	近鉄10100系 ／ ED61・ED71	メートル法完全実施 ／ 皇太子明仁親王（当時）と正田美智子さんご成婚 ／ 伊勢湾台風
		修学旅行専用列車「ひので」「きぼう」の運転開始		
	7・1	東北本線黒磯〜白河交流電化		
	7・15	紀勢本線全通		
	7・31	東海道本線島田〜金谷間の1151電車による速度試験で163km/hを記録 狭軌世界最高速度		
	11・5	汐留〜梅田間に特急コンテナ列車「たから」の運転（特急コンテナ列車の始め）		
昭和35(1960)	4・25	中央本線新宿〜松本間に気動車急行走る	東武1720系 ／ キハ80系・キハ81系	日米新安保条約調印 ／ アフリカ諸国独立相次ぐ ／ 浩宮徳仁親王ご誕生 ／ 所得倍増計画
	6・1	特急「つばめ」「はと」が電車化され1等展望車消える		
	7・1	国鉄1・2・3等その3等級制を1・2等の2等級制に改めた		
	9・6	国鉄第2次5か年計画を発表		
	12・4	都営1号線（現都営浅草線）と京成電鉄の相互乗り入れを開始（相互乗り入れの始め）		
	12・10	特急「はつかり」を気動車化（気動車特急の始め）		
昭和36(1961)	4・25	大阪環状線全通	名鉄7000系 ／ キハ82系・キハ35系 ／ EF70・EF30 ／ EF61量産形	第2室戸台風 ／ ベルリンの壁構築 ／ 柏戸・大鵬横綱昇進
	6・1	常磐線取手〜勝田、鹿児島本線門司港〜久留米間交流電化		
	9・21	国鉄鷹取工場復元のC5345が走る		
	10・1	ダイヤ大改正で全国的特急網ができる		
昭和37(1962)	1・21	大阪に交通科学館開館	481系 ／ キハ58系 ／ EF80・ED60 ／ EF63	キューバ危機 ／ 東京都の人口1千万都市に ／ 首都高速道路京橋〜芝間開通
	5・3	三河島事故発生（常磐線三河島で三重衝突。これをきっかけに国鉄・私鉄にCTCを導入進む）		
	6・10	北陸トンネル開通（全長13,870m）		
	10・—	新幹線テスト運転始まる		
	10・19	青梅鉄道公園開園		
昭和38(1963)	3・30	新幹線モデル線区で256km/hを記録	京王5000系 ／ 小田急3000形SE ／ 京都市5000形 ／ ED75	三八豪雪 ／ 名神高速道路栗東〜尼崎間開通 ／ ケネディ大統領暗殺
	9・1	ATS（自動列車停止装置）使用開始		
	10・1	信越本線横川〜軽井沢に新線が完成（7・15）にまりアプト式を廃止		
	11・9	鶴見事故発生（鶴見付近で競合脱線した貨車と横須賀線電車が衝突）		
昭和39(1964)	2・23	座席自動予約装置マルス101が稼働開始	新幹線電車（0系） ／ 103系 ／ 481系 ／ EF64	東京オリンピック開催 ／ 日本人海外渡航自由化
	5・10	青函連絡船新造第1船津軽丸が就役		
	7・25	山陽本線全線電化		
	9・17	羽田〜浜松町間にモノレール開業		
	10・1	東海道新幹線東京〜新大阪開業		
	12・25	国鉄新長期計画（昭和40年度が初年度）を了承（昭和39年度で国鉄は初めて赤字となる）		
昭和40(1965)	5・20	中央東線・篠ノ井線（塩尻〜南松本）を電化 新宿〜松本間で電気運転開始	165系 ／ EF65 ／ ED76	名神高速道路全通 ／ 中国文化大革命始まる ／ 朝永振一郎ノーベル物理学賞
	9・24	全国主要151駅にみどりの窓口を設置		
	10・1	東京〜青森間常磐線経由のブルートレイン「ゆうづる」運転開始 平・仙台間はC62牽引		
	11・1	東京〜新大阪間で新幹線「ひかり」3時間10分、「こだま」4時間運転に		
昭和41(1966)	4・20	国鉄全線・全車輌にATS整備を完了	581系 ／ ED75 ／ DD54 ／ EF90	ザ・ビートルズ来日 ／ 日本の人口1億人突破
	4・28	中野〜荻窪間複々線化完成し地下鉄との相互乗り入れ開始（地下鉄相互乗り入れの始め）		
	7・6	自動車専用貨車による輸送が開始		
	9・30	根室本線落合〜新得間（狩勝峠）が新線に切り替わる		
	10・20	田沢湖線開業		
昭和42(1967)	4・10	国電1,000輌を突破	コキ10000系 ／ キハ90系 ／ 453系	第三次中東戦争 ／ 都電9系統を廃止 新宿〜銀座線など
	7・3	中央線東京〜高尾間に「特快」走る		
	8・20	常磐線全線電化		
	9・28	新清水トンネル（13,500m）開通し上越線全線複線化完成		
	10・1	新大阪〜博多間に寝台特急電車「月光」を運転（電車寝台の始め）		
昭和43(1968)	4・23	御殿場線国府津〜沼津間電化	キハ181系 ／ EF66・EF81 ／ DE10	小笠原諸島日本返還 ／ 明治百年 ／ 三億円強奪事件 ／ 川端康成ノーベル文学賞
	8・22	東北本線全線電化完成		
	8・28	函館本線小樽〜滝川電化（北海道電化の始め）		
	9・23	奥羽本線沢〜山形電化		
	10・1	「ヨン・サン・トオ」と称する大ダイヤ改正を行う 全国的特急の大増発や列車のスピードアップを実施		
昭和44(1969)	3・1	東京鉄道管理局を東京南・東京西・東京北に3分割	東急8000系 ／ キハ65 ／ 12系客車	東名高速道路全通 ／ 日本のGNP世界第2位に ／ アポロ11号月面着陸
	4・25	貨物の特急「フレートライナー」走る		
	5・10	明治以来の等級制を廃止しグリーン車・普通車に改称		

鉄道年表（昭和45年〜昭和52年）

昭和45（1970）
- 5・10　明治以来の等級制を廃止してグリーン車・普通車に改称
- 9・29　北陸本線全線複線電化
- 12・8　新幹線「ひかり」16輛編成での運転を開始
- 2・10　新幹線岡山開業起工式
- 5・18　新幹線鉄道整備法公布
- 9・15　呉線電化、東海道貨物線鶴見〜桜木町間電化
- 10・1　鹿児島本線全線電化、京都〜西明石間に新快速走る
- 10・14　国鉄「ディスカバー・ジャパン」キャンペーン始まる

車両：1D 591系試作振り子電車／1D 0 E 系／E3501 500番代

世相：日本万国博覧会／よど号ハイジャック

昭和46（1971）
- 4・20　常磐線と営団地下鉄千代田線と相互乗り入れ
- 8・25　奥羽本線秋田〜青森電化
- 9・15　函館本線急行「ニセコ」牽引からC62引退
- 11・28　東北・上越新幹線を起工
- 12・15　札幌市交通局地下鉄真駒内〜北24条間開業。最初のゴムタイヤによる案内軌条式鉄道

車両：4144 8系寝台客車／115系

世相：ドルショック

昭和47（1972）
- 2・24　新幹線951系 286km/hを記録
- 3・12　伯備線D51「布原三重連」さよなら列車
- 3・15　新幹線岡山開業 四国に特急列車運転
- 7・15　東京地下駅落成 房総に特急列車運転
- 9・19　鉄道技術研究所でリニアモーターカーを公開実験
- 9・23　新幹線開業以来5億人輸送達成
- 10・10　梅小路蒸気機関車間（現京都鉄道博物館）開館
- 10・14　鉄道100年
- 11・6　北陸トンネルで列車火災事故（下り「きたぐに」）

車両：1D D816／14キ3系／小14系座席車／京成AE形／小田急9000形／E9000形

世相：札幌オリンピック／浅間山荘事件／日本列島改造論／沖縄返還／日中国交正常化／佐藤栄作ノーベル平和賞

昭和48（1973）
- 4・1　武蔵野線開業
- 4・27　春闘史上初の交通ゼネスト
- 7・10　中央西線電化全通 名古屋〜長野に381系「しなの」運転（振り子式電車営業運転の始め）
- 10・1　関西本線湊町〜奈良間電化 下り急行「日南3号」宮崎〜都城間の牽引機がDF50からC57に変更

車両：9E24系客車／6F81系／新幹線963形試作電車／0番代・

世相：円・ドル変動相場制に／オイルショック／読売巨人軍V9

昭和49（1974）
- 3・13　日豊本線幸崎〜南宮崎間電化（営業開始は4・25）
- 3・15　新関門トンネル開通 ED76 65が竣功し国鉄の電気機関車2,000輛突破
- 3・29　国鉄電車が15,000輛突破
- 7・20　湖西線開業
- 9・1　新幹線に食堂車オープン
- 11・1　総武本線佐倉〜銚子間、成田線成田〜松岸間、鹿島線香取〜北鹿島間電化
- 12・28　耐雪強化型183系1000番代を「とき」に投入

車両：4E24 25形客車／1E D62／88D53系1000番代／新幹線（0系）27形・36形

世相：小野田寛郎氏帰還／長嶋茂雄引退／ウォーターゲート事件

昭和50（1975）
- 1・15　山陰本線米子〜益田間に本州最後の蒸機列車「石州号」走る
- 3・10　新幹線岡山〜博多開業 長距離急行「桜島・高千穂」、電車特急「つばめ」「はと」などが消える
- 7・18　札幌〜旭川間に北海道初の特急電車485系1500番代「いしかり」走る
- 11・25　奥羽本線電化全通
- 11・26　国鉄労組によるスト権ストで国鉄は8日間ストップ
- 12・14　室蘭〜岩見沢間でC57135の牽く最後の蒸気機関車牽引旅客列車を運行
- 12・24　夕張線の蒸機全廃で国鉄本線運転の蒸気機関車すべて消える（最終蒸気機関車列車はD51241牽引）

車両：1キハ66・キハ67／東急8500系／8 9系

世相：ベトナム戦争終結／沖縄国際海洋博／プッシュホン公衆電話ビデオデッキ発売

昭和51（1976）
- 3・2　追分駅の入換9600が廃止され、国鉄の蒸気機関車すべて運転を終了
- 2・25　新幹線半日運休し「若返り工事」実施（その後も1982年まで随時実施）
- 2・29　157系「日光型」特急電車引退
- 5・25　新幹線10億人輸送達成
- 6・6　長崎本線鳥栖〜長崎、佐世保線肥前山口〜佐世保間電化（正式営業開始は7・1）
- 7・8　大井川鉄道金谷〜千頭間に蒸気列車復活（C12227）
- 10・14　「列車給仕」「列車ボーイ」と呼ばれた「車掌補」が廃止される

世相：ロッキード事件／毛沢東死去／中国四人組逮捕

昭和52（1977）
- 11・30　電車急行のビュッフェ全廃となる
- 1・6　国鉄「一枚のキップから」キャンペーン始まる
- 2・25　山陰本線京都〜福知山にキハ47を全国に先駆けて投入
- 3・28　東海道本線東京〜熱海間から80系「湘南電車」引退
- 4・16　宮崎県日向市に国鉄浮上式鉄道実験センターが完成
- 8・1　札沼線に北海道最初のキハ40系投入
- 8・10　東北新幹線小山総合実験線完成

車両：マニ50・キハ40／三40・キハ47

世相：気象衛星「ひまわり」打ち上げ／王貞治756号本塁打／世界初リニアモーターカーの浮上走行

年（西暦）・月日	事項	登場車両	社会・世相
昭和53（1978） 3·20	50系客車、筑豊本線で運用開始	50系客車	新東京国際空港開港
4·1	山陽本線瀬野〜八本松間の補機にEF61 200番台登場	近鉄30000系	世界初日本語ワープロ発表
7·5	宮崎実験線でリニアモーターカーML-500が377km/hを記録	14系15形・300	
6·18	播但線を最後にDD54引退	E F61・200	
7·28	東京発着ブルートレイン牽引機EF65 500からEF65 1000への置き換え始まる		
8·31	京都市電全面廃止		
9·1	紀勢本線新宮〜和歌山間電化（正式営業開始は10·2）		
10·1	日豊本線のED74廃止		
10·2	特急列車先頭愛称表示のイラスト化。東京〜九州間以外の寝台特急にも順次ヘッドマーク取付け		
10·9	宇都宮区で最後のEF57廃車（実質的な引退は1977年春）		
11·3	「いい日旅立ち」キャンペーン開始		
11·19	飯田線「流電」クモハ52お別れ運転		
昭和54（1979） 2·17	立川機関区の24号機を最後にEF13引退	271系	東京サミット開催
2·22	東北新幹線小山総合試験線で962形試作電車公式試運転開始	781系	ソ連によるアフガニスタン侵攻
3·19	函館本線特急「いしかり」に781系電車投入〈交流専用特急車輌の始め〉		
8·1	山口線小郡〜津和野間でC57 1牽引12系客車のSL「やまぐち」号運転開始		
8·20	中央線で初のチョッパ制御車201系試作車が営業開始		
9·25	日豊本線南宮崎〜鹿児島間電化（九州循環ルートの電化完成）		
9·30	日豊本線でDF50引退（西鹿児島駅でお別れ式）		
12·7	東北新幹線小山総合試験線で961形試作車が319km/hを記録		
12·21	宮崎実験線でML-500が517km/hの世界記録を樹立		
昭和55（1980） 1·5	山口線でC58が営業運転開始	キハ183系	モスクワ五輪ボイコット
2·10	キハ183系気動車が根室本線の特急「おおぞら」で使用開始	小田急7000形（LSE）	ポーランド民主化運動
3·1	紀勢本線新宮〜亀山間でDF50引退		山口百恵引退
3·15	「いい旅チャレンジ20,000km」キャンペーン開始		
7·3	上越線用EF64 1000番代が鷹取〜姫路間で試運転		
9·30	「あけぼの」を最後に20系客車がブルートレインから引退		
10·1	品川〜新川崎〜鶴見間の旅客営業を開始。横須賀線電車を東京〜大船間で分離、総武本線と直通に		
昭和56（1981） 3·11	「国鉄経営再建促進特別措置法施行令」を公布施行（ローカル線廃止基準を定めた法令）	185系	スペースシャトル「コロンビア」打ち上げ
3·26	185系暫定営業運転開始。（主に急行「伊豆」に使用）		シベリア〜ヨーロッパ間でTGV運行開始
4·1	ED10 吹田操車場着3370列車を最後に引退		
6·1	国鉄が赤字77線区を廃止して職員35万人体制とする経営改善計画を運輸大臣に提出		
6·10	国鉄が特定地方交通線第1次廃止対象区として40線区729.1kmの廃止承認を運輸省に申請		
7·25	東京〜大阪間リバイバル特急「つばめ」走る（後に「はと」「平和」などリバイバル特急が続いた）		
8·20	201系量産車中央線東京〜高尾間に投入		
8·29	ED72 鳥栖〜門司間の519列車を最後に引退		
10·1	石勝線千歳空港〜追分間17.6km、新夕張（紅葉山）〜新得間89.4km開業		
昭和57（1982） 3·1	普通列車5日間乗り放題「青春18のびのびきっぷ」発売開始	200系新幹線	日本航空350便墜落事故
5·17	関西本線名古屋〜亀山間電化	EF67・1形	ホテルニュージャパン火災
6·23	東北新幹線大宮〜盛岡間開業	201系	カード式公衆電話登場
7·23	ED73引退、国鉄小倉工場でお別れ式	京浜急行2000形	中央自動車道全通
8·2	台風10号で東海道本線富士川橋梁（下り線）の一部が流失（10·15まで上り線を使用し単線運転）		日本初の... 電話登場
9·2	宮崎実験線でリニアMLU-001が世界初の有人浮上走行を行い262km/hを記録		
10·28	EF64 1053号機落成。国鉄時代最後の電気機関車となる		
11·1	山陽本線瀬野〜八本松間の補機用のEF67営業運転開始		
11·14	山陽本線から153系引退		
11·15	上越新幹線大宮〜新潟間開業		
11	常磐線に403系運転開始（試作編成）		
11·22	特定地方交通線第2次対象線区計33路線2127.1kmの廃止承認を申請		
12·10	大船〜熱海間で在来線特急スピードアップのため小田急7000形LSEを使用し高速試験		
昭和58（1983） 2·23	飯田線で80系引退	キハ37	中国自動車道全通
3·11	EF10全廃	小田急8000形	東京ディズニーランド開園
3·26	EF16さよなら運転（翌日も運転）	サロンエクスプレス東京	日本海中部地震発生
7·5	中央本線岡谷〜塩尻間（塩嶺トンネル経由）11.7km開通		三宅島大噴火
			大韓航空機撃墜事件

昭和59(1984)

- 8・21　飯田線で最後の旧型国電「さよなら運転」(7・23から5回運転)
- 9・25　高松～高知間で「さようならDF50土佐号」運転
- 10・23　白糠線白糠～北進間廃止(第1次特定地方交通線バス転換第1号)
- 1・31　ローカル線を中心にした52線区・区間で貨物営業廃止　25か所の貨物支線廃止
- 2・1　九州内のブルートレインにくつろぎヘッドマーク復活
- 操車場を使う貨物列車を廃止　関連して車輌基地54か所を廃止して基地を統合
- 国鉄「エキゾチック・ジャパン」キャンペーン開始
- 3・25　東海道・山陽本線でEF58に代わってEF62が営業運転開始
- 3・31　特定地方交通線第二次廃止対象路線のうち日中線・赤谷線・魚沼線など7線区を廃止(転換)
- 4・20　幹線・地方交通線・東京大阪圏ごとに地域特別運賃を導入
- 7・10　湖西線の高速試験で381系が169km/hを記録(151系の163km/hの在来線営業電車の記録を更新)

車両：キハ71系・キハ185系
社会：冒険家植村直己氏遭難／グリコ疑惑事件承継／新千円・五千円・一万円札

昭和60(1985)

- 1・11　東京駅開業70周年記念入場券27万枚の売上げ
- 3・8　東京発着のブルートレイン、東京～下関間の牽引機EF65 1000からEF66に置換え始まる
- 3・14　東北新幹線上野～大宮間が延長開業　最高速度240km/h運転開始
- ダイヤ改正を機に在来線特急全列車にヘッドマーク取り付け
- 3・31　特定地方交通線第二次廃止対象路線のうち万字線・清水港線・添田線など13線区を廃止(転換)
- 4・29　新宿～高尾間で101系さよなら運転
- 6・30　興浜北線・岩内線・大畑線廃止(転換)
- 6・30　EF55動態修復
- 7・26　国鉄再建監理委員会が「6分割民営化」を答申
- 10・1　東海道・山陽新幹線に100系試作車営業開始
- 11・26　湖西線の381系による高速試験で在来線最高速度の175km/hを記録

車両：新幹線205系・100系／伊豆急2100系「リゾート21」／ユーロライナー
社会：三公社民営化でJT・NTT発足／日航ジャンボ機墜落／昭和天皇歴代最長寿に

昭和61(1986)

- 3・31　甘木線・漆生線・高森線廃止(転換)
- 7・25　動態復活した鉄道記念物EF55が上越・高崎・水上間「EF.GOGO号」で復活運転
- 9・26　鉄道開業の頃から続く鉄道郵便廃止　汐留駅でさよなら出発式
- 10・17　千歳空港～恵庭間でキハ183-500を使い高速試験　国鉄気動車としては最高の146.9km/hを記録
- 10・31　富内線・胆振線・角館線・阿仁合線・播但線飾磨港～姫路間廃止(転換)
- 11・1　国鉄最後のダイヤ改正　100系新幹線本格導入　この改正をもって荷物列車は廃止　汐留駅廃止
- ピギーバック輸送開始
- 12・28　強風雨のため山陰本線余部鉄橋から回送中の和風客車「みやび」7輌編成が転落

車両：キハ72系・キハ38系・キハ54系／ラ・フランス・エクスプレス／ジョイフルトレイン500番代
社会：スペースシャトルチャレンジャーが空中爆発／チェルノブイリ原発事故／伊豆大島三原山噴火／写ルンです発売／レーガン大統領・ゴルバチョフ書記長会談

昭和62(1987)

- 2・2　宮崎実験線でMLU-001が有人編成で400.8km/hの世界記録樹立
- 3・13　大隅線廃止ほか　3・14　二俣線　3・15　瀬棚線　3・19　湧網線など9線区が3月中に廃止(転換)
- 4・1　JR発足(JR北海道・JR東日本・JR東海・JR西日本・JR四国・JR九州・JR貨物　JR通信・JRシステム・JR総研・新幹線鉄道保有機構・鉄道通信・国鉄清算事業団ほか)
- 7・12　幌内線廃止ほか　7・15　会津線　7・24　岩日線廃止(転換)

車両：新幹線キハ72系・キハ32系／100系2000番代・キハ31／パノラマエクスプレスアルプス／小田急10000形「HiSE」
社会：NHK日本語完全民営化／東北自動車道全線開通／ゴルバチョフ書記長訪米

昭和63(1988)

- 2・27　千歳線・南千歳～新千歳空港間でキハ183系高速試験で153.5km/hの気動車国内最高速度更新
- 3・13　青函トンネル使用開始　中小国～木古内間87.8km開業　青森～函館間を「津軽海峡線」と呼称
- 上野～札幌間に寝台特急「北斗星」運転開始
- 青函連絡船この日限りで廃止(青函博輸送で十和田丸・羊蹄丸は9・18日まで運行)
- 3・15　秩父鉄道で動態復帰したC58 363牽引「パレオエクスプレス」運行開始
- 4・10　瀬戸大橋開通　児島～宇多津間18.1km開業　岡山～高松を「瀬戸大橋線」と呼称
- 4・29　函館本線小樽～倶知安間にC62 3牽引「C62ニセコ号」運転開始
- 6・16　山手線205系化完了　103系さよなら列車「山手線ラストラン103エクスプレス」運転
- 8・28　豊肥本線熊本～宮地間に58654牽引「あそBOY」運転開始
- 10・17　パリ発の「オリエントエクスプレス」広島から東京に向かって出発(5日に下松港着後台車交換)
- 10・23　「オリエントエクスプレス」日本一周列車が上野を出発(フジテレビ主催)
- 11・30　中央・総武緩行線から101系引退
- 12・23　D51 498が動態復帰　東北本線上野～大宮間で「オリエントエクスプレス」を牽引

車両：JR北海道キハ183系550／JR東日本スハ25形(E)／JR北海道キハ72系4800／JR北海道キハ44系800
社会：東京ドーム完成／リクルート事件／ソ連がレトロ禁止／青函トンネル公開

昭和64・平成元(1989)

- 3・11　JR東日本 在来線初の130km/h運転実施(常磐線・湖西線・北陸本線)
- 新宿駅～渋谷駅間にJRグループでは初の発車メロディを導入
- 4・29　門司港～博多間でキハ58系とキハ183-1000の併結協調運転　電車・気動車の協調運転は世界初
- 7・21　「トワイライトエクスプレス」大阪～札幌間で団体専用列車として運転開始
- 8・2　北陸新幹線高崎～軽井沢間着工
- 9・7　超電導磁気浮上式鉄道検討委員会において、リニアモーターカー新実験線建設適地に山梨県を選定
- 9・30　伊田線・糸田線・田川線・湯前線廃止(転換)

車両：JR東日本651系／JR西日本221系／JR東海キハ85系／JR貨物EF81 600番代／JR貨物EF66 300番代／JR四国2000系
社会：昭和天皇崩御／皇太子明仁親王が即位／名古屋世界デザイン博／消費税導入(税率3%)／安田事件／ベルリンの壁崩壊／横浜でイギリスフェア／天安門事件

平成2（1990）〜平成10（1998）鉄道年表

年月日	鉄道の出来事
平成2（1990）1・11	横浜〜サロベツ間に臨時特急「北斗星トマスキー号」運転開始
2・10	速度向上試験で100系N編成（グランドひかり）が営業車編成としては最高の277.2km/hを記録
3・8	新幹線300系試作編成が東京第二車両所に配置
3・10	山陰本線京都〜園部電化
3・31	宮津線 大社線 鍛冶屋線廃止（転換） 全国特定地方交通線83線区131.5km転換終了
6・23	東北新幹線初めての二階建て車輌249形を組み込んだ200系H編成運転開始
9・1	標準軌への改軌工事のため奥羽本線板谷・峠・大沢のスイッチバックをこの日限りで廃止
9・30	山陽本線支線兵庫〜和田岬間のオハ64・オハフ64廃止 定期列車から旧型客車全廃
12・13	新幹線300系試作電車が米原〜京都で303.1km/hを記録（営業用編成初の300km/h超え）
平成3（1991）1・10	横浜博覧会で展示した「夢空間」が「北斗星トマスキー号」で営業運転開始
3・19	成田線成田〜成田空港間開業 253系「成田エクスプレス」運転開始
6・20	東北新幹線東京〜上野間が延長開業
8・31	東武鉄道1720系DRC引退
9・19	上越新幹線湯沢トンネル内で山形新幹線用の400系が345km/hの国内最高速度を記録
平成4（1992）3・8	小田急電鉄3000形SE（SSE）車引退
3・14	東海道新幹線東京〜大阪間で300系「のぞみ」運転開始
7・1	山形新幹線開業 奥羽本線福島〜山形間標準軌化
8・8	山陽新幹線高速試験でJR西日本500系WIN350が350.4km/hの国内新記録
10・30	上越新幹線で952・953（STAR21）が352km/hの国内最高記録（11・1に358km/hに更新）
平成5（1993）3・17	札幌〜釧路間の「まりも」がこの日限りで廃止され 本州連絡のはまなす号を除き道内相互発着の夜行急行列車が全廃となる／東京〜九州間の寝台特急から食堂車が全廃される（連結されるが非営業）
3・18	新幹線300系「のぞみ」の運転区間を博多まで延長
6・27	京成電鉄AE形（初代）引退
7・2	255系投入により「ビューわかしお」「ビューさざなみ」などを新設
12・1	夜行列車統合により特急「ゆうづる」出羽 急行「八甲田」「津軽」廃止 または臨時列車に格下げ
平成6（1994）3・1	JR北海道振り子式気動車キハ281系を導入し函館〜札幌間に「スーパー北斗」運転開始
6・15	JR西日本関西空港線日根野〜関西空港間開業
7・15	オール二階建て新幹線E1系Max「やまびこ」「Maxあおば」「Maxあさひ」「Maxとき」運転開始
10・14	「鉄道記念日」を改め「鉄道の日」とした
12・1	寝台特急を統合「はくつる」2往復が1往復に 24系化 「みずほ」臨時「ゆうづる」廃止 あさかぜ1・4号に
12・3	智頭急行智頭線が開業 振り子式気動車HOT7000系による「スーパーはくと」運転開始
平成7（1995）4・10	JR九州883系が「ソニックにちりん」で使用開始 博多〜小倉〜大分間の最高速度130km/hに
4・20	JR東海383系名古屋〜木曽福島間の「しなの91・92号」で使用開始
9・4	深名線（深川〜名寄）廃止
10・1	静岡〜富士〜甲府間に373系を投入し特急「ふじかわ」新設
平成8（1996）3・16	373系を投入し東京〜静岡間の急行「東海」を特急に格上げ
3・30	秋田新幹線改軌工事にともない田沢湖線を全面運休に 盛岡〜青森間の普通客車列車を701系に置き換え
4・26	JR四国6000系運転開始
7・26	JR東海300Xが米原〜京都間で443.0km/hの国内最高速度記録
7・31	京都〜天王寺〜新宮間に283系「スーパーくろしお（オーシャンアロー）」運転開始
11・18	名古屋〜長野間の383系「しなの」の381系置き換え始まる
11・3	C62 3により運転されていた函館本線の「C62ニセコ号」が運転終了
12・24	JR北海道の通勤型交流電車731系運転開始
平成9（1997）3・8	JR西日本東西線開業 片町線京橋〜片町間が廃止
3・22	JR西日本新幹線500系運転開始 初の300km/h運転
―	JR東日本「秋田新幹線」盛岡〜秋田間開業 新幹線E2系・E3系運転開始
9・30	信越本線横川〜軽井沢間（碓氷峠）この日限りで廃止
10・1	北陸新幹線高崎〜長野間が開業（長野新幹線）
10・1	常磐線にE653系「フレッシュひたち」運転開始
平成10（1998）3・14	京浜東北線・根岸線から103系引退
7・10	東京〜高松・出雲市間に285系「サンライズ瀬戸」「サンライズ出雲」新設
10・22	国鉄清算事業団解散
11・30	鉄道総合研究所でフリーゲージトレイン（軌間可変電車）試作車走行公開

新車（登場した車両）

- 平成2：JR北海道キハ281系／JR東日本251系／JR東日本新幹線300系試作／JR貨物EF200試作／JR四国2000系／新幹線400系／JR東海373系
- 平成3：JR西日本223系／小田急20000形RSE
- 平成4：JR貨物DE205／JR貨物EF200／JR九州787系／JR西日本681系
- 平成5：JR貨物EDD1500／JR北海道キハ150形／JR東日本2091系／JR東日本255系／JR東海373系／JR九州キハ125系
- 平成6：新幹線E1系Max／JR東海383系／JR西日本223系／JR九州811系／南海50000系ラピート
- 平成7：JR東海383系／JR九州883系
- 平成8：JR西日本223系／JR貨物EF210／小田急30000形EXE
- 平成9：JR北海道キハ283系／新幹線E4系Max／新幹線E2系・E3系／JR貨物EH500
- 平成10：JR北海道キハ283系／JR東海285系

社会の出来事

- 平成2：東西ドイツ経済統合／イラク軍クウェートに侵攻／花と緑の国際博覧会開催／雲仙普賢岳噴火／湾岸戦争勃発／新都庁舎完成／ソビエト連邦崩壊／ユーゴ連邦解体
- 平成3：皇太子徳仁親王小和田雅子さんとご成婚／細川（護熙）連立内閣発足／横浜ランドマークタワー開業／平成の米騒動／欧州連合（EU）発足
- 平成6：松本サリン事件／英仏海峡トンネル開通／大江健三郎ノーベル文学賞受賞
- 平成7：阪神・淡路大震災／地下鉄サリン事件／ゆりかもめ一部開業／ウィンドウズ95発売
- 平成8：東京ビッグサイト開業／たまごっち発売／アトランタオリンピック
- 平成9：山一証券自動廃業／北海道拓殖銀行破綻／消費税3％→5％に／香港返還／長野オリンピック
- 平成10：明石海峡大橋開通／米英イラク空爆

年号（西暦）	月・日	鉄道のできごと	車両	社会のできごと
平成11（1999）	3・1	新幹線700系運転開始	JR東日本 E26系客車 JR九州 815系	EU加盟11ヵ国が通貨を統一し決済通貨に マカオが返還
	4・14	リニア山梨実験線で最高速度552km/hを達成		
	4・29	磐越西線新津～会津若松でC57 180を牽引「SLばんえつ物語号」運転開始		
	7・26	上野～札幌間にE26客車による寝台特急「カシオペア」運転開始		
	9・18	新幹線0系この日をもって東海道新幹線から完全運行終了		
	12・4	「山形新幹線」山形～新庄間開業		
平成12（2000）	3・11	盛岡～青森間にE751系「スーパーはつかり」運転開始	JR北海道 キハ261系 JR東日本 E257系 JR九州 885系	小渕恵三首相死去 皇太后（香淳皇后）崩御 新千円札発行 三宅島雄山噴火 日比谷線脱線事故 BSデジタル放送開始
		宗谷本線でキハ261系「スーパー宗谷」運転開始		
		新大阪～門司間で寝台特急「あかつき」と「彗星」を併結		
		博多～長崎間に振り子電車885系「白いかもめ」運転開始		
	3・13	中央・総武線各行にE231系投入		
	10・14	関東地方の鉄道17社で磁気カード「パスネット」導入		
平成13（2001）	3・3	JR西日本は683系を投入「スーパー雷鳥」往復すべてを「サンダーバード」に（計15往復）	JR東日本 E257系近郊型 JR西日本 683系 JR九州 817系	愛子内親王誕生 ジョージ・W・ブッシュ 米国同時多発テロ事件
	7・7	キハ187系投入 鳥取～小郡間に「スーパーおき」、鳥取～益田間に「スーパーいなば」運転開始		
	11・18	JR東日本 424駅でICカード出改札システム「Suica」導入		
	12・1	大宮～新宿～大船で「湘南新宿ライン」開業		
平成14（2002）	4・21	山手線でE231系運転開始	JR北海道 789系	ユーロ紙幣・硬貨流通開始 サッカーW杯日韓共同開催
	12・1	東北新幹線 東北新幹線盛岡～八戸間（96.6km）開業		
		東北本線がIGRいわて銀河鉄道（盛岡～目時間）、青い森鉄道（目時～八戸間）に転換		
		789系「スーパー白鳥」盛岡～函館間で運転開始		
		東京臨海高速鉄道りんかい線 新木場・大崎間全通、埼京線との直通運転開始		
平成15（2003）	4・10	汐留駅跡地に旧新橋停車場の駅舎やホームを復元	JR四国 5000系	日経平均株価が88年来の大底値7607円 イラク戦争開戦 ロスコスモス「ソユーズ」 スペースシャトル「コロンビア」空中分解
	9・16	新幹線100系この日をもって東海道新幹線から完全運行終了		
	10・1	東海道新幹線に品川駅開業 東海道新幹線が「のぞみ」主体のダイヤとなる		
	12・2	山梨リニア実験線で有人走行による581km/hを達成、世界記録更新		
平成16（2004）	1・31	東急東横線反町～横浜間地下化 横浜高速鉄道みなとみらい線横浜～元町・中華街間4.1km開業	名鉄 2000系「ミュースカイ」	新潟県中越地震 新紙幣発行 スマトラ沖地震 mixi開設
	3・13	九州新幹線新八代～鹿児島中央間（127.6km）開業 肥薩おれんじ鉄道開業		
		JR貨物 宅配便貨物輸送の特急コンテナ電車M250系「スーパーレールカーゴ」運転開始		
平成17（2005）	4・1	東京地下鉄株式会社（東京メトロ）発足	小田急 50000形VSE JR西日本 223系5000番台	中部国際空港開港 道路公団民営化 YouTube設立
	4・25	福知山線尼崎～塚口間で脱線事故 死者107名 負傷者555名		
	7・9	常磐線にE531系投入 最高速度130km/hの「特別快速」下り6本・上り5本運転		
	8・24	つくばエクスプレス秋葉原～つくば間（58.3km）開業		
	8・28	586540の不調により「あそBOY」この日限りで運転取り止め		
	10・1	寝台特急「彗星」廃止 京都～熊本間の「なは」と京都～長崎間の「あかつき」が京都～鳥栖で併結		
平成18（2006）	3・17	寝台特急「出雲」廃止	JR東日本 E233系 JR西日本 521系 JR四国 1500形	日本郵政株式会社発足 定期路線から引退
	3・18	113系が東海道本線・伊東線から引退		
		JR東日本と東武鉄道の直通特急「日光」「きぬがわ」「スペーシア日光」「スペーシアきぬがわ」が運行開始		
	5・14	交通博物館がこの日限りで閉館		
	9・24	北陸本線の長浜駅～敦賀駅間及び湖西線の永原駅～近江塩津駅間を交流電化から直流電化に変更		
	12・26	E233系中央線で運転開始		
平成19（2007）	1・5	日本の新幹線システムを初めて海外に輸出した台湾高速鐵路が開業	新幹線N700系 JR東日本E655系「和（なごみ）」 JR東日本キハE130系 小田急60000形MSE 阪神1000系	「新潟県中越沖地震」 「初音ミク」リリース
	3・18	仙台地区でE721系運転開始		
		首都圏共通ICカード乗車券「PASMO」サービスを開始（同時にSuicaとの相互利用開始）		
	7・1	東海道・山陽新幹線でN700系運転開始 300系の廃車が始まる		
	10・1	JR北海道 781系が全線運用から外れる		
平成20（2008）	3・15	化成品のタンク車輸送はほぼ終了し、石油や石灰石など一部の専用貨物列車を除いた車扱貨物列車が全廃	西武30000系 JR西日本キハ122・127系	リーマン・ショック 国内でiPhone発売
		臨時夜行「オホーツク」廃止 さらに8・31臨時夜行「まりも」も廃止されJR北海道内相互着発の夜行が全廃		
		寝台急行「銀河」、寝台特急「なは」「あかつき」廃止 「日本海」「北斗星」は1往復に減便		
	6・14	東京メトロ副都心線池袋～渋谷間開通		
	11・30	0系山陽新幹線から引退		
平成21（2009）	1・18	EF55 1もまもなく運転終了	新幹線E5系 京成AE形（2代目） JR東日本E259系	民主党鳩山内閣誕生
	3・13	この日限りで寝台特急「富士」「はやぶさ」廃止 東京～九州のブルートレイン全廃		
		この日限りで津山線の急行「つやま」廃止 気動車による定期急行列車全廃		

年号	月・日	鉄道関連事項	車両	社会
	6・15	新幹線E5系仙台〜北上間で走行試験開始		
	10・1	JR東日本「成田エクスプレス」にE259系投入		
平成22（2010）	1・24	京浜東北線・根岸線から209系引退	近鉄16600系 JR東海キハ25形 JR西日本683系 JR北海道キハ285系	小惑星探査機「はやぶさ」帰還 高速道路無料化社会実験
	2・28	東海道新幹線から500系が撤退		
	3・12	上野〜金沢間の寝台特急「北陸」を廃止 急行「能登」を485系に置換え臨時格下げ		
	3・13	東海道・山陽新幹線の「のぞみ」がN700系に統一され700系は定期から臨時に格下げ「ひかり」「こだま」主に		
	4・18	新幹線400系営業運転から引退		
	6・30	253系が「成田エクスプレス」から運用離脱		
	10・7	キハ181系「はまかぜ」をキハ189系に置換え キハ181系の定期特急は全廃		
	10・14	201系中央線快速での定期運用終了 10・17中央本線・篠ノ井線（豊田→松本）で201系さよなら運転		
	12・4	東北新幹線八戸〜新青森間（81.8km）が開通し全線が開業		
平成23（2011）	2・26	京都→米子間でキハ181系さよなら運転（米子→京都間は翌日）	南海12000系 JR西日本287系	東日本大震災 新燃岳噴火 女子サッカーW杯で「なでしこジャパン」が初優勝 スペースシャトル全機退役 中国高速鉄道事故 京阪電鉄「京阪特急」
	3・5	東北新幹線E5系「はやぶさ」運転開始		
	3・12	九州新幹線博多〜新八代間が開業 特急「北近畿」を「こうのとり」に改称 「きのさき」「はしだて」「まいづる」とともに287系投入		
	6・14	リニア・鉄道館開館		
	6・20	JR東日本でC61 20復活 営業運行開始		
	9・1	JR東日本での103系定期運転終了（9〜10月にかけてさよなら運転実施）		
	11・18	新幹線200系定期運用終了		
平成24（2012）	3・17	新幹線300系運転終了 東海道新幹線の車種は700系・N700系に統一	JR北海道キハ261系 JR貨物EH800形 JR東日本E657系	東京スカイツリー開業 原子力発電所全基50基が稼働停止 原鉄道模型博物館開館 熊本広域大水害 自民党与党に返り咲く
	3・17	山陽新幹線で100系が引退		
		新宿（小田急）〜御殿場間の「あさぎり」が371系・20000形RSEから60000形に変更		
		東北本線黒磯駅以北を走る貨物列車がEH500牽引となりED75の運用が終了		
		紙輸送のコンテナ化でワム80000形を使用した貨物列車が全廃		
		大阪〜青森間寝台特急「日本海」廃止 大阪〜新潟間急行「きたぐに」を臨時列車に格下げ 583系の定期運用終了		
		小田急10000形HiSE運転終了		
	9・29	新幹線E1系引退		
	10・1	東京駅丸の内駅舎保存復原完成		
平成25（2013）	3・2	大船渡線気仙沼〜盛間でBRT（バス高速輸送システム）運用開始	新幹線E6系 新幹線N700A 77系客車	富士山が世界文化遺産に 「アベノミクス」政策始まる
	2・8	新幹線N700A運用開始		
	3・16	「秋田新幹線」E6系運用開始		
		東急東横線渋谷〜代官山間地下化 東京メトロ副都心線と相互直通運転開始		
	8・29	リニア山梨実験線の全線開通により、営業用を想定した新型車編成「L0系」を使用したリニア中央新幹線の試験走行再開		
	10・15	JR九州約30億円を投じた77系客車を使用する豪華寝台列車「ななつ星 in 九州」の運行を開始		
平成26（2014）	3・15	「秋田新幹線」E3系定期運用終了 東北新幹線「はやぶさ」全車が東京〜盛岡間で320km/hに運転	JR四国8600系 JR東日本E129系	消費税5%→8%に 日本の「STAP細胞」論文が撤回 御嶽山噴火 平成26年8月豪雨
		北陸新幹線長野〜金沢間開業に先立つE7系「あさま」で運転開始		
		上野〜青森間の寝台特急「あけぼの」が臨時列車に格下げ		
		宇都宮〜烏山間で日本初の営業用蓄電池駆動電車EV-E301系（愛称ACCUM）が運行開始		
	4・1	JR東日本岩泉線廃止		
	5・12	JR北海道江差線木古内〜江差廃止		
	12・17	リニア中央新幹線の安全祈願式が品川駅と名古屋駅で行われ、2027年の開業へ向けての建設が開始		
平成27（2015）	3・14	東海道新幹線の最高速度が23年ぶりに引き上げられ270km/hから285km/hに	JR西日本323系 JR九州305系 JR東日本E235系	国産初のジェット旅客機MRJ初飛行 鬼怒川決壊 東京五輪エンブレム盗用疑惑
		北陸新幹線長野〜金沢間が開業 JR西日本でもE7系と同仕様のW7系を投入		
		JR北海道711系定期運用終了		
		JR東日本「上野東京ライン」を新設		
		寝台特急「北斗星」が臨時列車に格下げとなり定期ブルートレインが全廃される		
		大阪〜札幌間の「トワイライトエクスプレス」が廃止となる		
	4・21	日本の超電導リニア車が有人走行実験で603km/hを記録し、鉄道の世界最高速度を更新		
	8・5	JR東海N700系0番代から2000番代、JR西日本のN700系3000番代から5000番代への改造が完了		
平成28（2016）	1・27	リニア中央新幹線品川駅工事着手	東武鉄道500系リバティ JR九州BEC819系DENCHA JR西日本323系	熊本地震 SMAP解散 小池百合子氏が都知事に
	3・19	上野〜札幌間の臨時寝台特急「カシオペア」が廃止となる（上野発3・20 札幌発）		
	3・20	札幌〜青森間の夜行急行「はまなす」を最終運行（下り3・21最終運行） 定期急行・定期客車列車全廃		
	3・26	北海道新幹線新青森〜新函館北斗間開業		
		JR東日本485系定期運用終了		
		青函トンネル内を走行する貨物列車はEF800に統一 日本海縦貫線からEF81が引退		

年月日	鉄道事項	車両	社会
平成29(2017) 3・4	東海道区間と東海道から山陽区間に直通する「のぞみ」「ひかり」はすべてN700Aでの運転となる	京王5000系(二代目)	藤井聡太プロデビュー
4・8	583系をまちなら運転が奥羽本線秋田〜弘前間で行われ営業運転終了	東京メトロ13000系	九州北部豪雨
5・1	JR東日本E001系クルーズトレイン「TRAIN SUITE 四季島」運行開始	東武鉄道70000系	
6・17	JR西日本87系クルーズトレイン「TWILIGHT EXPRESS 瑞風」運行開始	東京メトロ70000系(三代目)	
7・21	東急が牽引しJR東日本・伊豆急行が運行する団体臨時列車「THE ROYAL EXPRESS」運行開始		
8・1	東武鉄道でC11 207牽引「SL大樹」運行開始		
平成30(2018) 3・3	小田急代々木上原〜梅ケ丘間が複々線化され代々木上原〜登戸間の複々線化完成	小田急電鉄70000形GSE	大阪北部地震
3・17	E351系定期運用離脱	東急電鉄6020系	北海道胆振東部地震
	JR貨物コキ50000の運用が終了	神戸市営地下鉄6000形	森友学園問題
	小田急70000形GSE営業運転開始	名古屋鉄道9500系	4K8K実用放送開始
3・31	三江線江津〜三次間108.1kmがこの日をもって全線廃止に		
5・27	C56 160本線での運転終了		
7・10	小田急7000形LSEが定期列車から引退(10・13に新宿→小田原→秦野できまなら運転)		
令和元(2019) 3・23	山田線の宮古〜釜石間が廃止され三陸鉄道へと引き継がれた	JR九州821系	明仁天皇退位
4・1	石勝線夕張支線新夕張〜夕張間廃止	西武001系Laview	徳仁天皇即位令和に改元
平成31 7・29	JR四国2700系運用開始		令和元年房総半島台風
11・30	相模鉄道とJR東日本が新規開業する羽沢横浜国大駅を経由して相互直通運転開始		令和元年東日本台風 千曲川決壊 消費税8%→10%
令和2(2020) 3・1	新幹線700系この日をもって東海道新幹線から完全運行終了	新幹線N700S	新型コロナウイルス感染症
3・13	西武鉄道10000系ニューレッドアロー「ちちぶ」「むさし」の定期運用終了	JR東日本E261系	令和2年7月豪雨
3・14	東海道・山陽新幹線を直通運転する「のぞみ」がN700Aに統一	JR西日本271系	東京五輪延期
	常磐線の富岡〜浪江間が9年ぶりに運転再開され常磐線は全線復旧	小田急5000形(二代目)	アベノマスク配布
	251系「スーパービュー踊り子」に代わりE261系「サフィール踊り子」が新設	JR九州YC1系気動車	菅義偉氏が首相に
	山手線・京浜東北線の田町駅〜品川駅間に高輪ゲートウェイ駅が開業	近鉄80000系ひのとり	日経平均株価29年ぶり高値に
	特急「はるか」に271系を投入		京急三崎口…ジ…アム開館に
5・7	JR北海道札沼線の北海道医療大学〜新十津川間が廃止		
7・1	新幹線N700S営業運転開始		
9・11	JR西日本117系「WEST EXPRESS 銀河」運行開始		
令和3(2021) 3・13	特急「踊り子」から185系が引退し定期列車E257系となる	JR北海道H100形	日本にワクチン接種開始
	215系定期運用から離脱	東京メトロ17000系	東京五輪無観客開催
	臨時快速「ムーンライトながら」廃止。「大垣夜行」から続く東京〜大垣間での夜行快速の歴史に終止符	東京メトロ18000系	岸田文雄氏が首相に
	名古屋地区のDD51の運行が終了。1962年の登場以来、59年間続いていた定期運用が消滅		大谷翔平MVP受賞 株価3万円台回復
6・30	JR九州キハ66・67運行終了		
10・1	E4系Maxこの日限りで定期運用終了		
11・10	「SLびわこ号」運行終了		
11・20	近鉄12200系「スナックカー」この日を限りに引退		
令和4(2022) 3・5	JR東海中央本線名古屋駅〜中津川駅間に315系を投入	JR東海315系	北京冬季五輪
3・11	JR西日本奈良線で103系の運行を終了	京都市営地下鉄20系	ロシアによるウクライナ侵攻
	中央西線でEF200の運行を開始 山陽本線で補機として運用されていたEF67の運行を終了	横浜市営地下鉄4000形	福島県沖地震
	小田急50000形VSE定期運行終了		安倍晋三元首相銃撃
	JR東日本新潟地区からE115系が 日光線・東北本線・相模線から205系引退		成人年齢18歳に
3・12	JR北海道「おおぞら」を全列車キハ261系での運転とし、キハ283系の定期運用を終了		
3・16	震度6強を記録した福島沖地震で東北新幹線「やまびこ223号」が脱線(4・14全線運転再開)		
3・27	「山形新幹線」のリゾート列車「とれいゆつばさ」運行終了		
4・1	東急目黒線で8両運転を開始		

CM01	13ミリゲージャーの集い
AM06	4Aならぬ4D!!　FWH鉄道
AM01	五吋小鉄道之会
HM02	B作＆飽き性モデラー
HM08	Formosa Rail Club(台湾鉄道)
HM15	Gezellig Spoor　一心地よい鉄路一
DM09	HNモジュール東京クラブ
FM08	HOJC　新関西鐵道
AM03	hitrack（八王子車両センター）
FM02	J-TRAK Society
HM16	JOTO　RAILWAY
HM06	Lococoro
FM07	M8（エムハチ）
HM13	Narrow Gauge Junction
BM02	North American Model Railroad Club (NAMRAC)
HM18	NPO　ナナツホシ
HM03	pagos
GM03	Panda NEKO No.1・mr0123ma・た625 共同チーム
FM01	RFC（Railway Fan Club）
GM06	S&BR
DM03	SHIGEMON島
HM14	Tsudanuma Indoor Railway
DM04	TSUKURIBITO
HM19	T-TRAK Tokyo Project
GM05	YSJ（やすきち・杉戸機関区・純鉄ライン）
HM11	岩倉高等学校　鉄道模型部
EM02	インターアーバン・ワールド
EM03	うみ電☆やま電
HM07	エゾゼミ電車区
FM09	追兎電鉄株式会社
GM02	奥利根鉄道倶楽部
AM04	オズモ
HM04	紙鐵　九粍會
DM08	かわてつソリューションサービス
FM05	関西学院大学 鉄道研究会 模型班OB
DM07	木こり鉄道　やまなみライン
EM01	ギミック2022
HM01	慶應義塾高等学校鉄道研究会
DM05	ゲキダンサンポール
DM10	相模原鉄道模型クラブ
AM08	凌宮鉄道
DM02	芝浦工業大学附属中学高等学校 鉄道研究部
HM17	自由環状線（北急・鈴鉄）
EM04	自由環状線・まぼろしライン
FM04	上州モントレーライン
HM05	ステのアトリエ
GM04	西武文理大学　鉄道研究会
FM03	卓上電鉄
DM06	多摩あかつき鉄道
HM20	多摩温泉電鉄
CM02	チームおやびん
HM12	中古で楽しむ16番模型
AM07	鉄ちゃん倶楽部
DM01	東海道線150周年（神奈川運転倶楽部）
EM06	東京運転クラブ
EM05	東京国際鉄道クラブ、東急新多摩線、京急デハ601保存会
HM21	苫小牧1975
EM07	日本大学豊山高等学校鉄道部
AM05	八王子電鉄
HM10	平井鉄道 with おだえの
HM09	ポッポ屋
FM06	結伝杜
AM02	横須賀鉄道模型同好会
DM11	零番三線式の会
GM01	「わたくし流手づくり」ぷちテック＆VISTA工房＆藤田ラボ

第21回国際鉄道模型シ

ンベンション 会場配置図

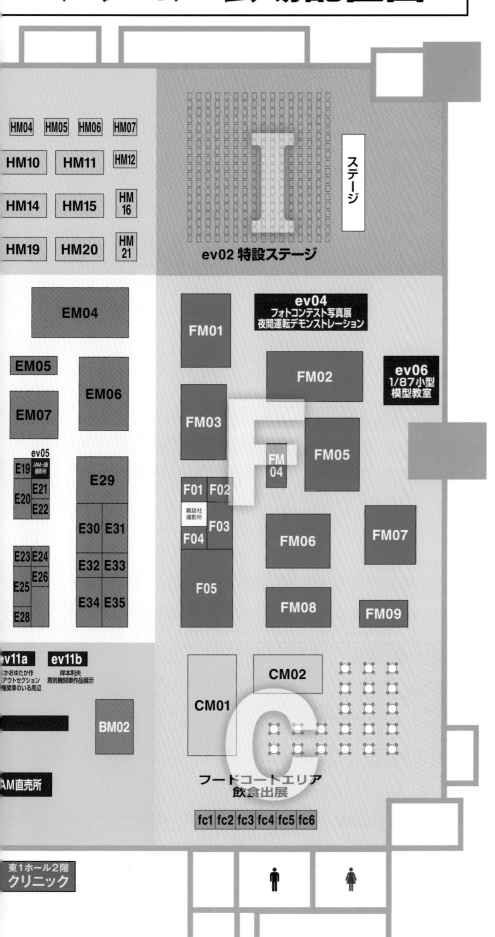

HM04 HM05 HM06 HM07
HM10 HM11 HM12
HM14 HM15 HM16
HM19 HM20 HM21

ステージ

ev02 特設ステージ

ev04
フォトコンテスト写真展
夜間運転デモンストレーション

ev06
1/87小型
模型教室

EM04
EM05
EM06
EM07

FM01
FM02
FM03
FM04
FM05
FM06
FM07
FM08
FM09

ev05
JAMっ娘
撮影所

E19 E21 E20 E22
E29
E30 E31
E23 E24 E26 E25
E32 E33
E34 E35 E28

F01 F02
雑誌社
撮影所
F03
F04
F05

CM01
CM02

ev11a
なかおゆたか作
レイアウトセクション
機関車のいる周辺

ev11b
岸本利夫
蒸気機関車作品展示

BM02

JAM直売所

フードコートエリア
飲食出展

fc1 fc2 fc3 fc4 fc5 fc6

東1ホール2階
クリニック

企業出展

E08	株式会社 CoolProps
E17	KATO
E32	MODEMO（株式会社ハセガワ）
E34	PLUM PMOA
F02	RMモデルズ
E13	アクラス
E14	アドバンス
E22	株式会社アネック
E18	アルモデル
E20	インフォトランス
E05	エクスプレスショップはやて
E02	株式会社 エリエイ
E23	クラフト木つつ木
E07	グリーンマックス
E11	（株）交通趣味ギャラリー
E16	株式会社シモムラアレック
E01	株式会社ディディエフ
E33	鉄魂模型
E21	鉄太郎電鉄
E24	電車ごっこグループ
E06	天賞堂
E15	東京ジオラマファクトリー
E28	動輪堂
D02	トミーテック
E04	トラムウェイ
E19	日本鉄道模型の会
F04	（有）ペアーハンズ
D03	ホビーランドぽち
E10	株式会社ホライゾンズ
F05	株式会社マイクロエース
E09	ミニチュア人形のYFS
D01	メディカル・アート
E03	モーリン
E26	レボリューションファクトリー
E35	ロクハン
E25	ワールド工芸
F01	わき役黒ちゃん
E29	Models IMON（物販）
E31	Models IMON（製品展示）
F03	MONTA
E30	機芸出版社

イベント出展

ev01	レールマーケット
ev02	特設ステージ
ev03	Lゲージブロックで作る鉄道模型
ev04	夜行運転デモンストレーション／フォトコンテスト作品展示
ev05	JAMっ娘撮影所
ev06	1/87はんだ付模型組立教室
ev07	5インチゲージ乗車コーナー
ev08	天賞堂の世界
ev09	通票閉塞機展示
ev10	模型に見る明治・大正の機関車
ev11a	なかおゆたか作 レイアウトセクション「蒸気機関車のいる周辺」
ev11b	岸本利夫蒸気機関車作品展示
ev12	渡邊・岩崎コレクション 明治の蒸気機関車 鉄道150年総合年表
ev13	お子様ジオラマ模型組立教室
ev14	日本モデル・オブ・ザ・イヤー
ev15	JAM直売所
ev16	羅須地人鉄道協会蒸機コーナー／スピードコンテスト会場

飲食店出展エリア

fc1	ダイドードリンコ
fc2	峠の釜めし おぎのや
fc3	とんかつ まい泉
fc4	MILLAN（ミラーン）
fc5	洋食 虹カフェ
fc6	森永のお菓子

第21回 国際鉄道模型コンベンション2022

開催日：2022年8月19日（金）・20日（土）・21日（日）
会　場：東京国際展示場（東京ビッグサイト）東1ホール
主　催：国際鉄道模型コンベンション実行委員会
協　賛：特定非営利活動法人　日本鉄道模型の会
　　　　上記協賛支援企業　KATO　GREEN電脳　とれいん　ホビーランドぽち　ポポンデッタ　TMS　Models IMON
　　　　上記協賛企業／有限会社ラディッシュ，有限会社よろず表現屋

■国際鉄道模型コンベンション実行委員

実行委員長
池﨑 清
（株）井門コーポレーション
副社長

府川 雄一
（株）井門コーポレーション
営業部

島田 幸治
（株）井門コーポレーション
営業部

福田 涼夏
（株）井門コーポレーション
営業部

山下 修司
（株）井門エンタープライズ
営業部

小室 英一
（株）井門コーポレーション
製造部

小山 和也
（株）井門エンタープライズ
情報システム部

山森 幹康
モデルス井門 渋谷店

鈴木 達也
モデルス井門 渋谷店

今元 芳幸
モデルス井門 新宿店

【取材・執筆】足立 繁和〔イベントダイジェスト・
　　　　　　　　　　　　モデラー出展〕
　　　　　　　佐藤 鉄雄〔企業出展〕
　　　　　　　高松 弘道〔企業出展〕
　　　　　　　竹内 虎輔〔モデラー出展〕
　　　　　　　松尾 よしたか〔クリニック・撮影〕
　　　　　　　宮下 洋一〔鉄道模型競技会〕
【執　　筆】髙木 宏之／波多野 茂
　　　　　　　福田 哲夫

【撮　　影】金盛 正樹／佐々木 龍
　　　　　　　瀧口 宜慎／羽田 洋
　　　　　　　松本 正敏／山中 洋
【デザイン】太田 安幸／なんこう
　　　　　　　山下 修司
【取材協力】『RM MODELS』編集部

第21回 JAM 国際鉄道模型コンベンション公式記録集

発行日：2023年1月1日

発　行：国際鉄道模型コンベンション実行委員会
　　　　〒140-0011　東京都品川区東大井5-15-3（株式会社井門コーポレーション内）
　　　　ＵＲＬ：https://kokusaitetsudoumokei-convention.jp
　　　　ＴＥＬ：03-3450-3499（直通）
　　　　ＦＡＸ：03-3450-2516
　　　　e-mail：info@kokusaitetsudoumokei-convention.jp
発行人：池﨑 清
発　売：株式会社 機芸出版社
　　　　〒157-0072　東京都世田谷区祖師谷1-15-11
　　　　TEL 03-3482-6016
編　集：月刊『とれいん』編集部
印刷所：昭栄印刷株式会社

© 2022 JAM CONVENTION 2022　Printed in Japan　ISBN978-4-905659-22-8　　　　　　　※本書掲載内容の無断複写および転載を禁じます